嘉義慈濟環保教育站的故事

嘉家有本環保經

嘉義人文真善美志工 著

最美的人生

慈濟推動環保，已經三十多年了，環保志工很真、很誠，為了清淨大地，付出無所求；有時候天未亮就出門回收資源，夕陽西下還沒有收工。還有些志工雖然年紀大，但還是很用「力」，以心力、體力、智慧力造福社會；他們一生為家、為社會、為慈濟、為環保辛勞，歲月的痕跡寫在他們的手上，證明他們這輩子多麼實用！

如果要跟這群環保志工計算，一般以工時算工資，怎麼算也算不清，他們很珍惜時間，珍惜還能做事的每一分、每一秒，點點滴滴細膩地做，用雙手來保護地球，這份精神是無價之寶。

像是嘉義環保志工「阿通姆」——游素蓮老菩薩，每次到雲林、嘉義，一定會聽到她爽朗宏亮的笑聲；只要她和老伴到來，大家總是笑聲不斷，是一對非常開朗的老夫妻。老夫妻一輩子為了家庭，承擔過千千萬萬斤的重量，不只養家、栽培子女，還務農供應糧食給社會大眾，彎腰低頭做農事，做得骨骼都變形了，還是那樣地樂觀！無論人生多麼勞碌，阿通姆總是笑容滿面、滿口感恩。聽她描述工作中的樂趣，讓人深切體會到，人生真正的快樂，其實不在擁有多少物質，而是在於心靈的感受。

人的欲念無窮，所需要的物資就難以限量；消費得越多，垃圾就越多。環保志工出於一片不忍之心，人丟我撿；即使有些回收物品，回收商認為沒有價值，不願意回收，志工還是把這些物品一一撿回來，仔細清理，盡量讓回收物不要被當成垃圾焚燒或者掩埋。

人人合心共濟，回歸清淨本性，彼此之間沒有利害得失，共同一個方向，無私大愛配合起來，你出力，我也出力，力量就能相加，這就是最真、最誠的協力之善。他們把人生用得很美，這就是「最美的人生」！

現在的地球四大不調，災難頻傳，需要每一個人來共同守護。期待人人轉識成智，轉「享受的智識」，成為「保育的智慧」。用誠懇的心懺悔──降低欲念，節省用物，不要讓自然資源枯竭；虔誠齋戒，不要為了口欲濫殺動物，才不會再造作業力。人人展現「感恩、尊重、愛」，茹素與環保，讓社會更健康。

天蓋之下、地載之上，在我們共同生活的這個地球上，還有許許多多地方正在被危機包圍，不論是各地災難與全球新冠肺炎疫情，還有許多慈濟沒有因緣、沒有種子、走不到的地方，要用心力代替人力，為這些受災的國家、受災難的人間虔誠祈禱；也要把握因緣造福，做一個發心立願、能對人類有影響力的人。請大家多用心！

（恭錄彙編自《慈濟》月刊第648期〈無盡藏〉、《慈濟》月刊第560期〈衲履足跡〉）

推薦序

慈濟推動環保的社會影響力

撰文◎翁章梁（嘉義縣縣長）

近年來全球氣候異常，疫情與災害頻傳，自許在臺灣這寶島居住的人民，我們面對了近五〇年最嚴重的旱象、高溫酷熱的煎熬、新冠疫情本土個案的發生、電力危機等威脅，我們不得不認真思考反省自身與大自然的關係，可以用什麼更積極的態度或方法，來守護我們的人民。

慈濟推動環保觀念逾三〇年，建立了兩個循環和主張，一者是「精神循環」，主張年邁長者可以在環保站付出，發現自己的生命價值；一者是「經濟循環」，主張應減少對地球能源的開發或浪費。

個人感佩證嚴法師的先知先行，早在一九九〇年七月講座中呼籲：「臺灣是個美麗的寶島，很期待您們能用鼓掌的雙手做環保。」在此之後，更帶動慈濟志工起而行動，鼓勵在自宅成立資源回收站，進而影響社區，帶動全民身體力行，貢獻己力，並帶動環保永續之觀念。

因此，嘉義縣隨即在太保市水牛厝歡喜環保站成立慈濟環保站，迄今已有十三處環保教育站，且各站皆具特色，經統計每天近有兩千位環保志工投入回收行列之中。

在永續課題中，感謝所有慈濟師兄姊及環保志工對於嘉義及臺灣的守護，我們期待發揮更多的影響力來帶動全民，減少碳排放量及珍惜各種資源，鼓勵全民響應簡約環保，共同為友善地球及永續發展，貢獻心力。

翁章梁

推薦序

一個人回收是榜樣　一群人回收是力量

撰文◎黃敏惠（嘉義市市長）

二〇二〇年七月十六日在本市「科學一六八教育博覽會嘉香最科學」開幕後，當我走進展區小羊牧場，看見慈濟大愛感恩科技用廢棄回收寶特瓶（PET）、牛奶瓶（PE）、毛毯布邊（R2R）等材料再製而成的環保塑木圍籬，以及體驗慈濟行動環保教育車，我深深地受到感動；慈濟志工們的解說，讓環境教育充滿了溫暖與對環境的關懷。

回想一九九〇年，臺灣各地垃圾掩埋場瀕臨爆量，證嚴上人在講座中呼籲會眾，請用鼓掌的雙手做垃圾分類。自那一刻起，慈濟環保志業於焉啟動，大大小小環保站，在臺灣街頭巷尾遍地開花，不僅回收可利用的資源，也成為推動環保最好的教育基地。

嘉義市長期以來致力推動從源頭減量，做好資源回收分類，鼓勵民眾一起珍惜地球資源，讓資源循環再利用，並將「生活環保化、環保生活化」的理念融入生活日常。在政策推動及市民響應下，嘉義市的資源回收率從二〇一一年的三六・二三％，至二〇二〇年回收率達五三・九八％，提升了一七・七五％。

近年來，嘉義市為感恩資源回收個體戶辛勞及提升其收入，與慈濟嘉義聯絡處共同推動「資源回收關懷計畫」，讓資源回收個體戶將回收物送到慈濟嘉義志業園區環保教育站、國華環保教育站、中正淑貞站及福德環保站，即可獲得較市價優厚之收購價。而在個體戶與慈濟志工互動過程中，個體戶得到了志工的溫馨關懷，也提升資源回收的分類知識及環保觀念。

慈濟一步一腳印推動環保已三十一年，從一雙手到千萬雙手，從臺灣到國際，從大地到心靈；慈濟人以「垃圾變黃金，黃金變愛心，愛心化清流，清流繞全球」為使命，帶動社區鄰里，投入資源回收的環保志工行列，人人培養惜福愛物之心。

慈濟環保教育站不僅推動垃圾減量、環境美化，還兼具心靈教育，是社區長者最佳的「聚」樂部。長者透過資源分類、拆解、活化大腦與手腳協調，進而減緩老化；同時也是國家未來主人翁體驗環境教育重要的最佳場所。

嘉義市政府將持續與慈濟共同合作推動環境保護，讓環境永續美好！

黃敏惠

推薦序

發揮一加一大於二的正面能量

撰文◎張根穆（嘉義縣環境保護局局長）

在一次偶然於縣府和慈濟共同簽署合作儀式後，讓我真正認識嘉義縣的慈濟師兄師姊。初次見面就如同過去在大愛電視節目及相關慈濟救助報導般的印象，感覺師兄師姊們非常和藹慈善且深具使命感。而後續幾次見面寒暄，從陌生到熟悉，我不但對慈濟有更深入的了解與體認，更感佩與尊敬師兄師姊們把救人助人及推動環保等工作，當作畢生志業。

嘉義縣近年資源回收率平均已超過六〇％，於全國各縣市亦名列前茅。除了公部門戮力推動村里資源回收及廣設資源回收站外，另外，慈濟亦於嘉義縣廣設資源回收站，對縣內資源回收推廣與扎根，功不可沒。

難得的是，這些慈濟資收站均由師兄師姊們自發性地，有錢出錢，有力出力；所以常因沒有合適固定地點，而須經常搬家遷移。靠著他們鍥而不捨的堅持與毅力，才能長期專注且持之以恆於此項工作。慈濟師兄師姊們這種精神，正是我們常說的「堅持作對的事」與「環保就是做功德」最佳寫照。

資源回收工作看似簡單，卻是件需要長期投入體力及耐力的工作。許多能回收的「資源」必定藏身於大量垃圾堆之中，因此從事回收者，必須極具耐心地經由分類、篩選、集中、清洗等繁雜步驟，才能夠將資收物分離收集；且垃圾中亦常隱藏如玻璃及陶瓷等危險廢棄物，稍不留意就容易受傷。而每處慈濟資收站師兄師姊就像螞蟻雄兵般地勤勞不倦，聚沙成塔，讓這股善念，能藉由資源回收工作回饋於社會，化小愛為大愛。

根穆藉由擔任嘉義縣環保局職務之便，有幸受到慈濟邀請，為這本環保專書撰寫序文。在此不僅恭喜慈濟師兄師姊們種善因得善果，長期耕耘得以收穫豐碩；也期望未來嘉義縣公部門及慈濟能持續在資源回收、社會關懷、環保永續等事務推動緊密合作。

相信一加一大於二，集眾之力必定能凝聚極大的正面能量，讓臺灣社會充滿溫暖及愛心。根穆也再次感恩慈濟的努力，讓嘉義縣資源回收工作在你們這些「民間友人」協助下更為落實且不斷成長，繼續朝向「永續循環經濟」目標邁進。

張根穆

環境保護您我同行

撰文◎蕭令宜（嘉義市政府環境保護局局長）

證嚴上人說：「用鼓掌的雙手做環保」，帶領慈濟志工大力宣導及落實垃圾分類、資源回收，多年來的深耕努力，為環境保護工作做出極大貢獻。

本局推動資源回收關懷計畫，對社會基層較弱勢個體業者提供補助，感謝慈濟環保回收站提供場所，協助個體業者進行回收，使資源回收更有溫度，關懷了環境，也更直接照顧人心。

慈濟志工深耕在城市的每個角落，讓社區的回收工作更完善，減輕清潔隊的工作負荷。環境保護工作需要大家一起來，舉手之勞做環保，一起讓我們的生活環境更美好。

感謝在城市裡每個角落無私付出的志工朋友，謝謝您，辛苦了。

編者的話

為慈濟書寫　留存環保歷史

撰文◎黃湘卉

證嚴上人開示：「每一個人走入慈濟，都有其感人的因緣；若將這些因緣匯聚起來，就叫做『慈濟的大事記』。」作為慈濟人文真善美志工[1]，和多位嘉義人文真善美團隊的圖像、文字、檔案製作夥伴，共同參與此次書籍編輯志工工作，對我來說是一次專業學習的經驗，透過大家共同的努力，讓讀者得以一同見證嘉義慈濟環保的推展歷史。

師徒之情　慈濟史蹟流傳千秋

一九九〇年，上人在演講中倡議「用鼓掌的雙手做環保」，多少老菩薩們，就這樣呵護地球。老菩薩們不一定識字，但卻懂得真誠的道理，天天身體力行，謹守傳統的道德倫理，一生勞動；投入環保，用粗糙的雙手膚慰地球，做資源回收，那雙手，就是最美的手。

在大愛臺二〇二一年三月二十七日播放的「證嚴上人衲履足跡」節目中，上人提到，大家難得來人間走一趟，人人都是這個時代的大事記，尤其是慈濟這個菩薩大團體的事記。只要每一個家庭把資料準備出來，寫出投入慈濟的史記，這一個「慈濟大事記」，整套就能完成。

上人又說：「大家要寫下來，『那個時候，師父叫我做什麼……』，這樣，師父在你們的心中，在你們的史蹟，也一樣一直留下去千秋百世，這就是師徒之間創立了慈濟。」我們在同一個時代，所以大家自己去好好地「事記」。

1 早在一九八九年十月十五日，為了讓慈濟人文能傳播得更久遠、廣闊，慈濟成立「慈濟筆耕隊」，志工開始承擔起記錄社區活動的使命；而後，再陸續加入拍照與錄影功能，並於二〇〇三年正式將文、圖、影三者合一，統稱為「文化三合一」後更名「人文真善美」，由慈濟基金會文史處一路陪伴至今。資料來源：《說故事的人》〈〇一看見真實人生〉，陳怡伶等著。

這樣，上人也是大家家中的一位，這樣才是真正給上人留慧命，師徒之間的慧命。流傳在千秋百年的慈濟家庭，慈濟的史蹟，才能夠流傳在千古萬世。

見證菩薩足跡　為慈濟寫歷史

我們從嘉義十六個環保站的檔案，悉心整理出每個環保站包含歷史溯源、環保特色、人物報導的文稿，以每篇字數約三千五百字，編輯成書。

花費近二個月時間，我把嘉義相關檔案仔細閱讀，發現它們已經整理得有條不紊，特別是圖片，足以讓編輯團隊快速地認識每個環保站的發展，為本書的出版扎下堅實的基礎。然而，圖文的條例式記錄，缺乏故事的轉折，要編輯成書吸引讀者眼光，仍需再細訪人物故事，才能滿足讀者的好奇心。

於是在文史處同仁的規畫下，以現有的資料為基礎，再由嘉義各環保站的記錄者，請他們就關鍵人物再詳加補訪，補充文稿、增加故事性，透過人物做環保的智慧，進而達到鼓勵讀者一同做環保的目標。感恩嘉義各區的文字志工，紛紛協助展開採訪與資料補綴的工作。

實作中　邊採邊編邊整隊

二○二一年一月三日，編輯會那天，嘉義十六個環保站都熱烈參與，加上組隊長，人數約計三、四十位，眾人士氣大振。經文史處賴睿伶詳細講解十六個環保站歷史溯源的編輯方向，在場的人文真善美志工個個躍躍欲試，誰都不想錯過這見證歷史的一刻。

提到編輯，我也是半路出家。自二○○六年初受證志工；同年開始在臺南社區記錄慈濟故事，並在「社區道場」網站發表活動報導，就這麼投入文稿寫作，因此，此次的成書，更是要感謝嘉義人文真善美志工的投入。

本書從平面攝影志工完成的文史資料檔案本，到文字採訪志工補訪幾位關鍵人物，在歷史關鍵點上做出決定的心路歷程。在等待文稿的過程中，對於嘉義人文真善美大團隊，每位志工們的虔誠信念，我由衷感動。他們為慈濟寫歷史，積極性與配合度非常地高，包括何淑麗、葉素滿、邱秀蓮、蕭智嘉、陳林蓉美、陳妙美、蘇美玲、陳黎真、李淑貞等人，文稿有的修訂了二、三次，仍鍥而不捨地完成使命。

時間悄然而逝，一個月後，當我看完十六篇文稿，深感太驚艷了。劉淑貞、劉麗美、文翊樺、許鳳娟、張小娟、黃怡慈、汪秋戀、陳麗君，這些資深志工筆下各有千秋、文采斐然，把嘉義環保站的溯源及特色，烘托出色，正所謂「麻雀雖小、五臟俱全。」再加上黃文徵、賴世寶、黃立美的共同陪伴，又相應了這句，「改變，不是一個人做很多好事，而是很多人做好一件事。」

第一次承擔編輯，我自知還有許多不足的地方，有些文稿故事太豐富了，字數超過七、八千字，實難取捨，於是基金會特地邀請業界資深編輯吳永佳來協助。吳總編輯深具經驗，對文字敏銳、對人情通達，經過她的專業編排，整本書的調性非常一致，閱讀起來有如行雲流水般舒暢。期間，吳總編亦特地前往嘉義，走訪數個環保教育站，與環保志工親身互動，感受到嘉義環保志工的熱情與對環保的堅持願力。

環保需要的是眾人之志，以「勿以善小而不為」的心，一同以行動守護地球，感恩嘉義所有的環保志工、合心組隊，有您們一步步的踏實付出，才能有一字字的感動故事。感恩宗教處同仁甘萬成、黃慧蓉、吳郁宣、郭素芳，以及嘉義志工嚴玉真、吳漢文、張熊和的協助，嘉義縣政府與環保局、嘉義市政府與環保局，有公部門的支持與地方鄉親的共同肯定，才能讓每個環保站成為社區鄰里的好鄰居。

嘉義卓然的天然景致，有山、有海、更有鄉土人情，環保站是長者的輕安居，因此溫馨感人的故事特別多；而環保站的時代意義、歷史價值也在本書卓然呈現。期待嘉義這本只是一個開端，未來我們能更用心書寫、編輯慈濟更加完整的環保大事記。

Contents
目錄

證嚴上人開示〉最美的人生 2
推薦序〉慈濟推動環保的社會影響力 翁章梁（嘉義縣縣長） 6
推薦序〉一個人回收是榜樣 一群人回收是力量 黃敏惠（嘉義市市長） 8
推薦序〉發揮一加一大於二的正面能量 張根穆（嘉義縣環境保護局局長） 11
推薦序〉環境保護您我同行 蕭令宜（嘉義市政府環境保護局局長） 14
編者的話〉為慈濟書寫 留存環保歷史 黃湘卉 16
環保地圖 24
嘉義環保站特色簡介 26

城之篇

水牛厝歡喜環保站 防老、養老、醫養合一輕安居 32
福德環保站 明月映古厝 尋回初心 46
太保環保教育站 宣揚慈濟精神 肩負教育使命 60
溪口環保教育站 環保護大地 行善行孝一起來 74
大林環保教育站 啟動大林醫療網 守護環保菩薩 90
新港環保教育站 讀書會傳遞善良溫馨人文 104

水上外溪洲環保教育站　活動式屋頂　善用智慧做環保 118
嘉義志業園區環保教育站　環保教育最佳戶外場所 132
國華環保站　共啟資收關懷　慈善與環保兼顧 146

海之篇

布袋環保教育站　縝密規劃　打造汪洋中的堡壘 162
朴子環保教育站　化腐朽為神奇　拆彈簧床我最行 176
義竹環保教育站　典雅白色佛堂　廣招人間菩薩 188

山之篇

梅山環保教育站　梅塑四娘嬤　引山泉洗塑膠袋 204
竹崎環保教育站　守護山城長者身心健康 216
中埔和美環保教育站　鄰風景區　大宗寶特瓶集散地 230
大埔環保教育站　守護曾文水庫的美麗 244

慈濟環保大事記 256

斗南鎮
大埤鄉
古坑鄉
元長鄉
1
2
3
溪口鄉
4
民雄鄉
新港鄉
5
6
7
11
竹崎鄉
8
9
嘉義市
太保市
10
番路鄉
13
水上鄉
鹿草鄉
中埔鄉
16
大埔鄉

1. 溪口環保站
2. 大林環保教育站
3. 梅山環保教育站
4. 新港環保站
5. 太保環保教育站
6. 水牛厝環保站
7. 國華環保站
8. 福德環保站
9. 嘉義志業園區環保教育站
10. 中埔和美環保站
11. 竹崎環保站
12. 朴子環保教育站
13. 水上外溪洲環保教育站
14. 布袋環保教育站
15. 義竹環保教育站
16. 大埔環保站

更多資訊：

環保站名稱	環保站特色簡介
水牛厝歡喜環保站	● 小而美的露天環保站，社區長者的輕安居，防老、養老、醫養合一。
福德環保站	● 頭港里玉山環保站當初由人稱「阿通姆」的游素蓮提供用地，在阿通姆往生後結束回收工作，為福德環保站之前身。 ● 福德環保站為傳統三合院建築，在此志工彷彿回到頭港里做環保的古早情境，緬懷前人人品典範。
太保環保教育站	● 臨近嘉義縣政府，提供縣內機關學校進行環保教育。 ● 站內設有：仿甘肅水窖的裝置水井，提醒參訪者珍惜水資源；另有土石流環境教育區，教育民眾愛護大地。

溪口環保教育站

● 環保行善護大地，也要行孝侍尊長。志工張漢榮四十七歲時放棄高薪，退休留在臺灣守護父母。為了讓父母安心，他刻意把環保場的電器搬回家整理，讓父母時刻找得到。

大林環保教育站

● 結合醫療資源，針對六十五歲以上的長者由專人規畫一週一次的體能、手工藝、衛生教育上課與共餐，透過課程設計教長者如何吃、保養身體及運動，延緩老化。

新港環保教育站

● 環保站成立讀書會，每週一次，面對逆境或惡意的言語，可借用書中智慧來轉換心境，智慧成長，傳遞良善溫馨人文。

水上外溪洲環保教育站

● 劉清標研發設計活動式屋頂，讓辛苦回收的紙類區不因淋雨而降低價格，也讓大型車輛載運回收時，省時省力。這巧思令參訪者屢屢稱奇讚歎，堪稱「有智慧的工具機」。

嘉義志業園區環保教育站

- 位處嘉義市區，是環保教育最佳場所；園區內並留存日治時期遺留下來的防空洞，作為歷史教材，讓未曾經歷戰爭的世代認識過往。

國華環保教育站

- 與嘉義市環境保護局合作「資收關懷計畫」，為嘉義市列冊之資源回收個體業者，就近過磅及開立憑證，協助個體業者於清運過程少行一哩路。
- 成立「廚藝教室」健康蔬食教學區，推廣茹素護生。

布袋環保教育站

- 二〇一八年八月二十三日的熱帶氣旋豪雨，造成布袋鎮嚴重淹水；環保站因縝密建設規劃填土，即時成為國軍救災休息整補的據點。

朴子環保教育站

- 拆彈簧床成為環保站特色，志工先把床墊第一層布割開，將釘在夾層中的椰鬚墊取出，把一排一排彈簧拆開，再把彈簧鐵拿出來。各項分解物，亦獲得妥善的處置或利用，解決擾人的廢棄床墊問題。

義竹環保教育站

- 環保站在社區發揮多元化功能，招募志工共行好事。
- 提供農地種植蔬果，不用肥料，有機栽培，推廣食農教育。

梅山環保教育站

- 大埔美工業區鄰近環保站，因此有大量塑膠袋需回收分類；志工為了節省自來水費，接引山泉水清洗，再進行晾曬。

竹崎環保教育站

- 竹崎鄉是阿里山的入口，幅員遼闊；山上老年人口多，環保站提供長者最佳輕安居，身體勞動，人際交流，心靈亦有寄託。

中埔和美環保教育站

- 緊臨阿里山公路，往來曾文水庫、奮起湖、阿里山、瑞里等風景區，交通便利，是大宗寶特瓶集散地。

大埔環保教育站

- 鄉內有曾文水庫、嘉義農場等觀光勝地，遊客所拋棄的寶特瓶頗多；距離嘉義市區約二小時車程，待寶特瓶累積到定量時，再由嘉義志工前往載運。

攝影／賴世寶

城

防老、養老、醫養合一輕安居

水牛厝歡喜環保站

「水牛厝」是嘉義縣太保市北新與南新兩個里的合稱。來到水牛厝，隨便找一位老人家問問水牛厝的歷史，幾乎每個人都知道，水牛厝是鄭成功的部將帶著八隻水牛來這裡進行屯田，地廣牛少，水牛很快就過勞死；為了感謝這些水牛開墾的辛苦，屯墾居民就將水牛厚葬在村中的大池塘旁邊。位於北港路邊農村文物公園有間「牛將軍廟」，而這個拜水牛的地方就被稱為「水牛厝」。

水牛厝歡喜環保站座落於嘉義縣太保市南新里，是一處陽春露天的環保站，當年是游金花的先生（葉寬財）無償借用的土地，從一九九〇年

游金花聽到上人鼓勵「用鼓掌的雙手做環保」後，就開始在自家附近，填平一塊農地做環保，自己撿拾資源做分類。（攝影／陳林蓉美）

十二月使用至今。

花蓮行牽起夢中緣

游金花未做環保以前，每年都會帶著爸媽（阿通伯及阿通姆），坐慈濟列車到花蓮參觀。她事親至孝，身上總是背著一大包，包包裡面有父母的衣物、茶水，左手牽著父親，右手牽著母親，快樂去參訪。

有一年，阿通姆看見證嚴上人時，驚訝地說：「就是伊啦，就是伊，在夢中對我說：兵營裡面哪個角落有三捆舊報紙，叫我去收啦。（臺語）」阿通姆照著夢中所說的地點去看，果真有三捆報紙放在那裡，真玄！

一九九〇年，游金花聽到上人鼓勵「用鼓掌的雙手做環保」後，取得先生的同意，就開始在自家附近，填平一塊農地做環保，自己撿拾資源做分類。她白天做農事，晚上就用肥料袋將回收物一袋一袋綁好、整齊疊好，自我觀賞著，宛如「一朵朵盛開的蓮花」；她心生歡喜，經常一個人做到晚上十一、十二點，也不感覺累。

顧孫做環保愛地球

游金花的媳婦三年連續生了三個孩子，當時媳婦要考教師執照，全心認真地讀書，游金花一個人帶著三個孫子，一個背著，二個牽著，一起去做環保。她每彎一次腰，撿一個回收物，丟一次分類區，就念一句「阿彌陀佛！」，阿孫（臺語：孫子）就笑一下，祖孫做得好開心！游金花感恩媳婦，放心把孩子托給她帶去做環保，祖孫有互動感情更好。

「做環保需要千手萬手做」，一回生，二回熟，三回變高手，游金花知道環保教育要從小、從學校做起，從二十年前（二〇〇〇年）起孫子開始上小學，她也跟著孫子到學校作新制回收，教育學生環保回收。當時沒有教具，游金花憑著一股愛護大地的熱忱，把回收的東西串成一串，分享親身實作的經驗。

游金花在學校裡帶著小學生做分類，她發現小學生都很認真學習、也很好教，他們會從家裡帶回收物來學校給她，在家也會教爸媽分類，加強了游金花的信

一群社區志工包著頭巾，戴著斗笠，雙手穿戴著袖套全副武裝，有說有笑快樂做環保。（攝影／蕭智嘉）

心；她決定跨出大步，自己騎著機車到太保市嘉新國中去拜訪學校，要求讓她進入校園作新制回收，宣導資源回收的理念，學校老師被她的熱忱所感動，就讓她入校園作宣導，畢竟珍惜資源、守護地球，人人有責，也是教育的任務。

用靜思語廣結善緣

游金花一方面走入校園，一方面利用中午或農事空檔到埤鄉里、港尾里、東勢寮等附近社區去帶動環保，延伸出許多回收點，帶出很多環保志工。

「歡喜心是良藥，不生氣是消業障。別人無心的一句話，不要放在心底。」

「上唇代表天，下唇代表地，講話不必花力氣就會驚天動地。」

游金花口中念著這些話，兒子在一旁見母親興味十足，問母親看得懂

《靜思語》嗎？

「傻孩子，書是給識字的人看的；我不識字，只要幾句好話跟人家結緣就好。」

游金花喜歡《靜思語》，她會將書中的金玉良言做成小紙片，請兒子打字、放大影印再護貝送給人，廣結人緣，好話多分享。

隨著回收物資越來越多，游金花就把環保站旁邊的稻穀烘乾機倉庫前廣場拿來利用，用回收的汽車篷放置回收舊衣、堆放寶特瓶、塑膠袋分類等，經常有外籍移工來尋找適合的回收衣服。游金花的先生葉寬財特地在環保站裝置了一座鐵鋁製的水塔，汲取地下水沖洗寶特瓶，洗完的水亦排入自家的田，讓田中作物生養，惜水護物。

二〇一九年歲末祝福[1]前一天，花蓮靜思精舍德念師父和德椏師父，到

1 歲末祝福，一九九九年九二一地震後的第一個年關，慈濟基金會在六處慈濟大愛村舉辦歲末祝福，安定安撫災民的心。爾後，各社區聯絡點、會所，延伸每年歲末都會舉辦歲末祝福，感恩過去的一年，並為來年祈禱平安。

小而美的露天環保站，每逢環保回收日，歡笑洋溢；環保站的老菩薩走過艱苦歲月，更珍惜生活的美好，雖然年紀大了，也是要付出良能，做有用的人。（攝影／陳林蓉美）

游金花家和環保志工溫馨關懷，志工們興奮地分享環保因緣和心得；師父感恩志工為愛護大地而盡心付出，勉勵志工環保精進不間斷，也祝福大家身體越做越健康。

現在有一群環保菩薩，每逢週一和週四，晴天曬太陽、雨天穿雨衣，從未停歇。天剛亮，他們就包著頭巾，戴著斗笠，雙手穿戴著袖套，全副武裝，有說有笑快樂做環保。

從不會學到會

上人關心環保志工的身體健康，二〇一〇年起，大林慈濟醫院每三個月就會有醫生護士到環保站替志工量身高、體重、血壓、針灸、心理諮詢、衛教指導等等。

逢義診日，游金花會自己做豆腐腦、薏仁紅豆湯、水果等，其他志工也會提供素粽、湯圓等與大家結緣，供大家享用。陳妙美是環保站最年輕的志工，義不容辭地承擔記錄環保站溫馨的小故事，留下人們美善的足跡。

陳妙美全家於二〇〇七年從鄉下搬到北新里居住，家裡裝設第四臺才能收看大愛臺的節目。偶然間看到上人在節目中講話，慈濟人的慈悲助人行為讓她很感動。她由同社區鄰居陳秀子口中得知環保量多做不完，自告奮勇地向陳秀子說：「我上班前可以幫忙」，每天與陳秀子約定凌晨出門，天氣再冷，也是一同去做環保。

陳妙美因為做環保而激發潛能，拿筆記錄志工的美善故事，進而發揮良能。（攝影／蕭智嘉）

陳妙美原本在嘉太工業區一家飼料廠當助理，二〇一一年待了二十年的公司宣告休業，中年失業的她，感受到生命的無常；二〇一二年得到一份送報的工作，是開車送報紙到超商去，她還去報名職訓局取得廚師證照，順利在嘉義市民生國中當廚工。陳妙美因此更改在假日才到環保站，她說最期待寒暑假來臨，這樣她就可以在環保站多承擔，每日感受志工如家人般的噓寒問暖，備感幸福。

陳妙美二〇一二年在陳林蓉美的邀約下，參加慈濟人文真善美通識課程，二〇一三年六月記錄志工去六腳鄉清掃照顧戶，文稿第一次公開在慈濟社區道場，讓她體會到「用心就是專業」、「人有無限的可能」，在慈濟從不會、學到會，她可以用一支妙筆，記錄志工點點滴滴愛的故事。

她跟陳林蓉美一個拿筆、一個拿相機，兩人攜手記錄環保站的日常，歷史不留白。陳妙美二〇二〇年報名委員見習，把送報的工作辭掉，她說：「二〇一九年歲末祝福時，看到上人拖著蹣跚的步伐前行，心裡很不捨。我想要把握因緣及時付出，所以見習培訓委員，多承擔使命。」

對的事，做就對了！

薛錦松和林秀麗是一對夫妻檔，未進慈濟以前是信奉一貫道。林秀麗年輕時在台塑企業外包廠商工作，因同事柯彩雲的邀約，就與薛錦松兩人結伴利用上班前的時間來做環保，有時是一個小時的付出，覺得很有意義。

薛錦松當時還在嘉義市後湖工業區上班，每次做環保後得趕著上班，但他內心充滿怡悅。假日薛錦松是司機菩薩，是環保志工的腳，只要是需要到較遠的地方去做香積或是清掃工作，他都樂於接送。經過了二十年，他們夫妻都已七十歲，人生責任減輕之餘，更是專心投入環保志業。

林秀麗自覺人生最受用的一句話是：「抬頭要懺悔，低頭要感恩。」感恩上天的庇佑，才能平平安安地過生活；個性質樸的薛錦松則說：「上人說：『對的事，做就對了。』跟著太太一起做好事，就是我的想法。」

做環保防老養老

陳秀子七十七歲時從高雄搬來嘉義住。在高雄時，夫妻失和常常暴力相對，拳打腳踢，甚至曾拿起殺豬刀（當時賣豬肉）要置先生於死地。做環保後，陳秀子受到志工愛的關懷以及慈濟人文的薰陶，「生氣是拿別人的錯誤來懲罰自己」，漸漸心生歡喜心，不會再動不動就發脾氣了。

游金花的先生葉寬財特地在環保站裝置了一座鐵鋁製的水塔，汲取地下水沖洗寶特瓶，惜水愛物。（攝影／陳林蓉美）

陳秀子原本腰痛挺不直，游金花特地選了一個大圓桶，請她扶著竹子踩踏寶特瓶，竟然做著做著，腰變直了，身體的病痛沒了；她身心輕安自在，既放下對先生的恨意，也找回健康。她把環保站當娘家，每天有事沒事、就會去環保站巡視一下，現在是全職做環保，和游金花是好搭檔。

盧梅阿嬤八十二歲，因年紀大腰部退化，來環保站需要以手推車代替拐杖，圍著護腰做環保。盧阿嬤說：「在家坐著也是痛，不如來這裡做環保，好像是在做運動，腰左轉右轉著，手投籃做分類，鐵罐、鋁罐、軟塑膠、硬塑膠……分得清清楚楚，好奇怪！做環保，腰就不痛了，頭腦清楚不會癡呆，而且心情好。」阿嬤笑得開心。

八十三歲的魏月霞阿嬤，身體勇健。她以前到處做農事賺錢，閒暇時到環保站做環保，直到三年前脊椎開刀後，在家復健。盧梅阿嬤都會找她聊天，鼓勵她：「會痛更要來做環保，動動手、轉轉身也比較好。」因此她又投入環保，且越做越開心，直到二〇二〇年辭世。

邱麗華是游金花的妯娌，因出現失智前兆，吃藥控制中。游金花邀請她來做環保，活化腦部才不易癡呆。邱麗華也不排斥，由剛開始的手忙腳亂，一直到現在，感覺不到環保站就內心空虛，越做越歡喜，頭腦也變得比較清晰了！

許多環保志工，都是年紀大了身體退化微恙，卻因為做環保越做越健康。在這小而美的露天環保站，每週二次的環保回收日，歡笑洋溢。感恩上人將環保站設為「輕安居」，它真的是防老、養老、醫養合一，讓長者

修身養性，心靈有寄託；而一個和樂的大家庭，就是最佳復健場所。

明月映古厝　尋回初心

福德環保站

傍晚時分，火紅的夕陽漸漸西沉在絢爛雲彩裡，接近中秋時節，夜空中明月悄悄升起，映照在紅磚瓦屋上。平時寂靜的古厝三合院，傳來輕快的音樂聲，庭院桌子擺滿了月餅、柚子、點心等，一百多位志工及家屬相聚，伴隨著手語舞蹈，小朋友在庭院追逐歡笑聲，好不熱鬧！

這是位於嘉義市大溪里的埤腳福德環保站，長期記錄環保站的志工阮慶萬，從鏡頭看到如此熱鬧的場景，不自覺露出笑容，腦海中浮現熟悉的畫面，像回到十多年前，位於頭港里阿通姆夫婦家的環保站，同樣的三合院場景，也是如此溫馨熱鬧。

阿通姆　管區大過警察

游素蓮人稱阿通姆，是嘉義縣太保市水牛厝歡喜環保站游金花的母親，因看到女兒做回收的喜樂，以及聽到女兒說：「回收五十公斤紙，能救一棵二十年大樹」，阿通姆立刻響應，原本退化要開刀的腳，也因做環保而健康地再走二十年。

阿通姆起初是清晨三、四點就出門，後來聽到上人叮囑勿摸黑做回收，於是起床後先看大愛電視臺的節目，等天亮才出門。她也接引先生阿通伯（游保通）一起做環保，甚至進出軍事重地嘉義機場載回收。

原本機場是禁地，閒雜人不得進入，但阿通伯的耕地就在附近，可憑證進出。自從阿通姆發現機場內有很多紙箱、報紙可回收，就將此地視為「地盤」，和老伴去得很勤，士兵、軍官看見他們開著農機前去，都舉手打招呼，還幫忙將東西搬上車。

一位長官以「小羊拖大水牛」形容他們的回收車，更神氣的是，一回總統蒞臨軍機啟用典禮，現場冠蓋雲集，但這位歐巴桑啥咪攏不驚，照樣進出。從住家到嘉義機場一趟路約需半小時，有次阿通伯出國去玩，她卻為了載回收而捨棄出國，每天來回跑六趟，共載回三百六十斤紙箱，著實令人佩服！

游素蓮人稱阿通姆，是水牛厝環保站游金花的母親，因看到女兒做回收的喜樂，而投入環保工作。（攝影／顏霖沼）

古厝樹蔭下做回收—頭港里玉山環保站

二〇〇七年阿通伯將田邊儲放農具、穀物的倉庫改為廚房、起居室，水泥鋪設的庭院闢為露天環保站，四周種有樟樹、芒果和黑板樹，頗為陰涼，為頭港里玉山環保站[1]。

每週一至週三是環保日，志工白天開著環保車從各地載回物資，特別是週三晚間，志工一行有四、五十人，大家就著庭院四盞五百燭燈光進行分類，桌上也擺放豐富點心、水果，大夥兒有說有笑直做到分類淨空才回家，十分溫馨。在那時候，「玉山環保站」的寶特瓶回收量，是全嘉義慈濟環保站的第一名。

阿通姆後來經診斷罹患肝癌，但身體的疾病阻擋不了她做環保的意志，即便身體彎了、手粗了、腳變形了，她開朗的笑聲依舊。

1 頭港里玉山環保站，資料來源：《慈濟月刊》五四三期〈超級阿嬤——阿通姆的環保夢〉，葉文鶯撰文。

阿通姆於二〇一三年以八十九歲高齡往生，之後阿通伯也相繼往生。上人曾讚歎，老人家二十一年來因勞動而變形的雙手，不知回收了多少資源，「在我看來，那是最美麗的手！」

延續環保使命──大信街玉山環保站

就在阿通姆跟阿通伯相繼往生後，環保站因故須搬遷，大家分頭尋覓適當的地點。朱秀慧不捨年長的環保志工須再前往別處做環保，想起座落於嘉義市二二八公園旁、位於大信街自宅邊的空地，是適合的地點。

這塊空地原本由朱秀慧代為管理，她向地主提起想以此處做環保，地主也願意無償出借。原本空地崎嶇不平，志工們總動員，至嘉義志業園區運來整修道路回收的連鎖磚，以接力方式合力鋪設，在空地上灌漿水泥。

雖然是簡易的露天環保站，但志工總算有個家，能延續做環保的使命，並於二〇一三年三月舉辦環保站聯誼活動。

編織後半人生的幸福

朱秀慧約在二十年前受證為慈濟委員，那時因上班忙碌，雖有參與環保但未投入，懵懵懂懂接下環保幹事職務。剛好上人來到嘉義聯絡處，當時聯絡處設有環保站，因回收物多到難以行走，朱秀慧和其他環保幹事清理了半天，總算有條小空間讓上人可行走。

望著上人的身影，朱秀慧當下覺得羞愧，認為自己沒盡好責任，也在心中發願，要做好環保這區塊。沒多久，朱秀慧領到公司的退休金一百萬

夜空中明月悄悄升起，平時寂靜的古厝三合院，傳來輕快的音樂聲，環保志工在涼夏夜裡專心分類。（攝影／阮慶萬）

朱秀慧大信街自宅邊的空地，崎嶇不平，志工們總動員，至嘉義園區運來整修道路回收的連鎖磚，合力鋪設。（攝影／阮慶萬）

元，如願讓她可全力投入人生下半場的志業。

全心投入環保的朱秀慧。也因此改變了她的家庭。二〇一一年堪稱是她生命中最有意義的一年，因為經過三十幾年的努力，先生總算改掉喝酒的習慣及壞脾氣，跟她一起做環保。

以往先生脾氣暴躁，倆人總是吵鬧不休。一度想離婚的她，想到上人曾說：「你的枕邊人都沒辦法包容了，怎麼能替我去愛天下眾生？」「要改變別人前，得先改變自己。」於是轉為以較柔和的聲色與先生互動。

看到她的轉變，先生從原本不願幫忙，到多少參與一下；耳濡目染，也逐漸改掉抽菸及喝酒的習性。先生的改變，讓朱秀慧這才體會到人生的幸福滋味。

她常準備熱騰騰的湯品、自家種的菜及水果，讓志工不餓著，也接引許多人來做環保。環保站的人氣越來越旺，多位志工因此受證為慈濟委員及慈誠。

其中一位是她的二姐朱秀珠。「自家人最難度」，但朱秀慧堅信有願就有力，不放棄任何可度人的機緣。

朱秀珠在三十多歲時先生即往生，獨自撫養四位小孩，其中二位是身障，而她又罹患乳癌，人生過得很苦。

朱秀慧一直想接引她，但朱秀珠那時信奉其他道場，朱秀慧告訴她：「經者道也，道者路也，經文不是用念的，是要走入人群中做出來。」朱秀珠原本堅持自己的理念，一直到她連續兩次夢到上人及精舍師父，這才相信自己的因緣，踏進環保站，心境變得平和，病情至今也很穩定。

二〇一七年，由於住戶反對，玉山環保站只得結束，所幸當時福德環保站已成立近三年，就將回收物及環保志工遷移至福德環保站。

復古三合院憶前人典範——福德環保站

二〇一四年，因西區一和氣西區互愛組隊擴編，當時西區互愛組長蔡慧美希望增設環保站，以便人間菩薩招生，但在市區要找塊地不容易。

聽聞此訊息，賴秋燕想到家族有一戶共同持有的三合院，已荒蕪多年；雖位於市區但較偏僻，不會吵到鄰居；四周有圍牆，回收物不易飛到馬路，是相當適合做環保的地點。她家族中多人與慈濟有淵源，很認同慈濟做環保的理念，都願意將此地無償出借。

之前只有十多名志工，二〇一七年大信街玉山環保的志工及回收物遷移至此，回收量大增。從白天到夜晚，平日約三十多人，人數最多時有

賴秋燕家族有一戶共同持有的三合院，已荒蕪多年；志工動員人力前來清掃，後為福德環保站。（攝影／黃志芳）

四、五十人，每週三的大型回收日，人聲鼎沸。

二〇一七年和氣組長蔡瑞玲感恩環保志工，藉由中秋聯誼凝聚大家的感情，年年舉辦未間斷。許多資深志工看到福德古厝三合院做環保的感覺，不禁回想起最初阿通姆頭港里的環保站，也是一間古厝三合院。從白天到黑夜，大人小孩一起做環保及用餐，憶起當年溫馨話家常的畫面，也找回昔日的初心。

福德環保站也自二〇二〇年三月參與嘉義市政府的「資源回

收關懷計畫」，市政府列冊較弱勢資源回收個體業者，將其資源回收物送至合作所在地與慈濟四處回收站（嘉義志業園區環保站、中正淑貞站、國華環保站、福德環保站）過磅及開立憑證，市政府再以較高金額收購。此計畫不僅補助他們的生活，也推動環保愛大地，目前約有五、六人將回收物送來福德環保站。

恆持一念心

「做到不能做，我希望自己的人生終點是在環保站裡！」蔡秀霞投入環保三十年，早期在頭港里環保站，後來因為到嘉義榮民醫院擔任看護，雖然上班時間需十二小時，仍持續在院內做環保。她勇於承擔環保幹事，現在和賴秋燕同為福德環保站的站長。

過去蔡秀霞最痛苦之事，就是面對戒毒戒不掉的大兒子。剛開始，她想盡辦法幫助兒子，但所有的嘗試都無效，只能終日躲在家裡偷哭。接觸

資深志工看到福德古厝三合院做環保的場景，不禁回想起最初阿通姆的頭港里環保站，也是一間古厝三合院。（攝影／劉麗美）

慈濟後，她開始轉念，如上人所說：「要歡喜還！」感受自己有福報，還能跟著上人做慈濟，她決定要顧好自己的身體，別再煩惱孩子；人生苦短，要趕快做，時時起歡喜心面對人生的下半場。

林國柱笑起來有著如彌勒佛慈藹的濃眉大眼，是大家心目中的開心果。在福德環保站中秋晚會現場，他深情款款地對著同為慈濟志工的太太郭芳鈴說出「我愛你！」瞬間贏得全場喝采。

實在難以想像，這樣的他在

參與慈濟前，抽煙、喝酒、吃檳榔、簽賭六合彩樣樣都來，更別提兇怒的眼神及火爆的脾氣了。

雖歷經志工見習十二年，林國柱難改習性，遲遲不敢參與培訓。沒想到，二〇一二年靜思精舍常住師父來嘉義，竟特地到環保站來鼓勵他，要他隔年來參與培訓回精舍找他，怕他記不得是哪一位師父，還特別叮嚀，「我是早課敲木魚的師父喔。」

在師父勸說下，他二〇一三年決定參與培訓，一夕間戒掉所有壞習慣。有時念頭一起，會想到十戒，「若犯戒會對不起上人，要以意志力克服不好習性。」「以前看不慣的事會當場說，現在不會，『對的事就去做！』上人的法，就是要以自己親身去做才有體悟。」

精通攝影的阮慶萬，有「慈濟之眼」之稱。他在一九九五年力霸友聯開播「慈濟世界」的時代，就加入影視組，也在大林慈濟醫院、各重大賑災、及環保站建設過程，二十多年來為慈濟留下珍貴歷史。

近年阮慶萬因糖尿病導致視網膜病變末期，視力模糊，卻不捨放下相機及錄影機，心心念念作為「慈濟之眼」。
從頭港里玉山環保站做到現今的福德環保站，許多環保志工在此改寫了他們的人生，而這些動人的故事仍將繼續……

宣揚慈濟精神　肩負教育使命

太保環保教育站

謝惠芬一九八四年和任職於嘉義縣新港鄉南亞塑膠公司的黃獻宜結為夫妻，定居於太保市；一九九一年因懷老三時害喜嚴重，她把工作停下來，也常回高雄娘家看望爸媽。

就在火車站的候車室，她看到慈濟《源起與展望》的小冊子，翻開第一頁正是上人的法照；繼續往下翻，謝惠芬發覺這位師父如此年輕、就做了這麼多濟貧教富之事，於是她開始每月匯善款，也邀約左鄰右舍一同捐款做好事。

一九九二年，謝惠芬受謝錦綢邀約參加慈濟列車。一路上聽到志工分

謝惠芬早期都是大包、小包掛滿機車，辛苦載運回收物。（攝影／黃獻宜）

享慈濟的故事，走進花蓮靜思精舍，感受師父們「一日不作、一日不食」的自力耕生精神，讓謝惠芬的心靈深受衝擊。

同年，每逢農曆初一、十五，謝錦綢就會帶著她與會眾前往慈濟臺中分會[1]聆聽上人開示。聽到上人屢屢提及「用鼓掌的雙手做環保」，這句話，從此迴盪在謝惠芬的腦海……

1 一九九〇年起臺中地區每月初一、十五於慈濟臺中分會舉行「共修活動」，早上拜彌陀經，中午供養大眾，歡迎社區會眾前往共修。

太保第一個回收點

一九九二年十月，鄰居蔡惠孅及吳昭鳳滿心歡喜地找謝惠芬，商量做環保回收。謝惠芬一聽，既喜且憂，「喜」的是有志同道合的人肯為地球付出，「憂」的是要去哪裡回收？這裡沒人知道怎麼回收、沒有運送物資的車、也沒有置放物資的地方……

謝惠芬想了想，「要做就要做到底，不能有頭無尾。」於是三人於十一月在蔡惠孅家牆邊成立第一個回收點，從事家庭美髮的蔡惠孅，也便於邊工作、邊向客人宣導環保，如此開啟了嘉義太保地區的環保志業。

剛開始困難太多了！「一台三輪車裝滿

原本是一片雜草藤蔓叢生的茄苳林，志工開始披荊斬棘，同心協力，戮力整出屬於自己的一塊地。（攝影／黃獻宜）

回收物只賣得九十六元，估物商老闆還好心地湊到一百元，那要不要繼續做？」「我覺得還是要做！」面對眾多疑惑，謝惠芬仍然堅持。後來她找到大林鎮估物商鄭老闆願意收購，合作至今。

十次搬遷磨心志

隨著物資越來越多，加上各種因素，一九九二年至二〇〇六年間，回收點共計搬了十次家。

一九九四年八月，回收點搬到唐莊社區公園預定地；一九九五年十月又搬回蔡惠孅家旁；一九九六年五月再搬到唐莊社區公園後面，因回收物很多，分類後得四處向人借車運載，嘉義聯絡處阮慶萬的大卡車亦曾來載回收物；謝惠芬也曾向賣雞肉的商人借過小貨車。為了載運回收物，原本不會開車的謝惠芬，還因此去學開車。

當時回收販賣所得，每月大約三萬多元，對這群熱心的志工來說很有用，也激勵著謝惠芬想募款買車。她向同是保險業的同事黃裕櫻提起，黃裕櫻表示願護持，就向黃穗雯募款。感動於志工的善行，黃穗雯標會四十萬元購買了一台環保車，使用至今。

志工認真、努力地付出心力，因緣具足，菩薩湧現，賴素珠、李玉錦、黃獻宜、呂桐河、邱德勝、林葉富子、魏茂川等人陸續加入，成為環保志工。

在搬了四次家後，一九九七年一位娘家在太保市麻魚寮的臺北志工，有塊地遭法院拍賣，利用法拍的空檔，志工就把環保點遷到那裡，在此做了五年；二〇〇二年，第六次搬家搬到水牛厝游金花的農地；二〇〇三年先是搬到南新高架橋旁三合院，後又因故搬到新埤賴素琴家半年；二〇〇四年搬到馬瑞娟的高達鐵工廠，仍因家屬有意見，需再搬遷。

二〇〇五年，回收站第十次搬遷到新埤黃綉雯朋友的果園，蔡明璋和陳秋林用了十六天辛苦整地。大家早上歡喜進駐，中午地主即來阻止，當場嚴厲要求志工即刻恢復原狀，讓眾人不知所措，心情跌落谷底！經歷一次又一次的搬遷挫折，志工決定尋找一塊永久之地。

協力募款購土地

二〇〇六年，太保協力組隊聯誼[2]，協力隊長陳秋林提議合力購買土地，剛好互愛隊長吳漢文蒞臨參與，他當下就認捐五十萬元。消息傳開，迅速獲得大家熱烈的迴響，郭榮欽、陳淑滿、陳秋林、蔡惠媺、林葉富子、李玉錦、陳麗芬等人及社區志工紛紛解囊。

從協力組隊提議募款到環保站動工，僅短短一個多月，充分展現志工的行動力。二〇〇六年八月五日環保站動工，原本是一片雜草、藤蔓叢生的茄苳林，志工在天剛破曉時即全副武裝，開始斬荊披棘開墾荒地。

2 互愛、協力：為慈濟組織架構名稱。二〇〇三年，慈濟經過三十多年的發展，成員人數快速增加，上人提出了新的組織架構──立體琉璃同心圓、四門四法四合一。四合一的組織架構，打破原本以組長、隊長為主導的模式，期待慈濟人在和氣互愛的互動中，人人都能合心傳承慈濟精神與法髓，協力付出大愛、攜手同行菩薩道。資料來源：《證嚴法師菩提心要》（慈濟的故事四十六─深入鄰里 琉璃同心）

只見藤蔓叢生數十公尺，聽到楊明田聲嘶力竭地喊著：「一、二、三，拉！」拉下藤蔓後一堆人倒下壓疊成一團，大家苦中作樂，笑聲不斷。

民雄及嘉義市區的志工也前來共襄盛舉；大家利用假日歡喜來付出，從清晨到日落，全然忘記身體的疲憊。經過約一個月的整地及規畫，一片荒煙蔓草變身為樹樹分明的植物園。

整地填土鋪連鎖磚

土地低窪需要填土，但哪來的土？大家正愁著，剛好社區「太保新城」因牆壁整建須拆除，和建商商量，答應拆除了讓志工使用。大家利用時間，一袋一袋地把碎磚塊載回環保站。

另魏茂川、林居村、林世豐也積極向建築同行透露需要大量碎磚塊及石子，甚至連嘉義聯絡處圍牆打掉的碎磚塊也沒浪費，從九月到十一月，歷二個月才把地填平。雖然辛苦，但過程中志工的愛心、點心、水果、涼

社區親子成長班舉辦分站遊戲《障礙迷宮》，小朋友以聲音引導雙眼失明的家長通過障礙，家長和孩子互相學習，親子關係更親密融洽。（攝影／劉麗美）

飲、笑聲從沒間斷過，溫馨情暖。

太保環保站地形狹長，建設分三個階段完成，鋪連鎖磚是志工最期待的工作，因為能鋪連鎖磚，就表示快完成了。環保分類區因急著使用，必須先完成，第一階段至大林慈濟醫院搬運連鎖磚及鋪設；第二階段進行分類區烤漆板隔區，去各地環保站載回回收建材，建造社區志工共修教室。

除了灌漿及輕鋼架搭建由外包施工外，其餘工程都是由志工自己做。隔板的洗滌修整、門窗維修，全由志工親自承擔，綁水泥板模是會員發心做的，載回來的資源鋼鐵生銹，須重新除銹油漆，隔板、門窗須重新洗過晾乾，大家便利用非上班時間付出。

志工秉持著上人曾說過「秧是撿的、牛是借的、有的割、沒就算！（臺語）」[3]的理念，克勤克難來完成。第三階段鋪設惜福屋、聽雨軒、香積、共修教室前連鎖磚，每次都由林世豐把地整平、指導鋪設，結合志工同心協力完成。

從清晨旭日至落日餘暉，人人揮汗如雨，筋疲力盡，但歡喜付出、享受成果的笑容，綻放在每個人的臉上。環保分類區於二〇〇七年一月十四日先行啟用，以利資源回收物先載回堆放及分類，愛地球不間斷。

環保站肩負教育理念

中國甘肅省中部的靖遠縣擁有一望無際的黃土，居民生活在乾旱、半乾旱的山區，水資源短缺；居民每天要走幾小時的山路挑水，為生活用水擔憂奔波。一九九八年，慈濟基金會在甘肅展開援建水窖，解決當地居民無水之苦。

志工們借用這創意，在環保站建一口水窖，鼓勵社區會眾珍惜水資源，善加利用生活中的每一滴水，惜水惜福；環保站還有兩盞太陽能路燈，透過太陽能板將陽光轉換成電能，節能又減碳。

站上並建造與花蓮靜思精舍同尺寸大小的「小木屋」，由蔡明璋用心打造。他利用回收的腳踏木板，並把每一塊木板用清潔劑刷洗曬乾；還請蔡添壽及吳漢文先從花蓮量好尺寸，察看精舍組合方式，怕腳踏板寬度不夠。蔡明璋並細心地把三塊木板組成一片，十三片再建構一面牆，恭敬用心。

如此用心，是希望大家能永遠記住「克己、克勤、克儉、克難」的慈濟精神，並善加發揮；同時會眾來參訪時，也可以感受到上人及精舍師父

3 參閱《證嚴上人．衲履足跡》，（二〇〇六春之卷），釋德凡，靜思人文，頁八〇八

志工仿造慈濟在甘肅省靖遠縣建造水窖，提供用水，也教育社區會眾珍惜水資源，善加利用生活中的每一滴水。（攝影／顏霖沼）

李玉錦（右一）身材嬌小玲瓏，反應靈敏、手腳非常俐落。草根味十足的她，說自己一輩子只會做環保，要做到生命最後一刻。（攝影／張小娟）

每日刻苦修行的精神。

另外，臺灣山坡地因過度開發，大雨來時常造成土石流，因此站內設置土石流區，教育民眾珍惜自然生態，愛護大地。以上這些深富意義的設計，使環保站肩負起社區教育的功能，吸引社區各機關團體、學校頻來參訪，因此於二〇〇七年定名為太保環保教育站。

做慈濟豐富生命

二〇〇七年一月太保環保教育站啟用，當時的環保幹事是魏茂川與李玉錦夫妻。

在一次參與環保教育站的複合式篩檢的檢查中，李玉錦發現自己罹患癌症。在化療、電療期間，她也不捨放棄做慈濟，只要體力還行，就會到環保站來。想要把握當下每一分一秒，她說：「生命不在乎長短，在乎的是寬度與深度，我把慈濟當做每天吃飯一樣，非做不可。」

魏茂川的身影常常出現在太保環保站，總是默默地做。他在退休前存了積蓄，想要把錢用在有意義的地方，也獲得太太支持。李玉錦的病情目前受到控制，夫妻二人堅守當初真誠一念心，一起用生命快樂地做慈濟。

一九九五年盧隨緣還住在嘉義市北社尾時，先生發生車禍，雙腳及脊椎受傷相當嚴重。過程中輾轉於嘉義及高雄的醫院，一日友人建議，不妨給花蓮慈濟醫院的陳英和醫師看看，於是志工漏夜開車帶她們到花蓮看診。

陳英和醫師看診時，盧隨緣先生的腳已經萎縮得很嚴重，決定馬上開刀，在花蓮慈院總共治療了六個月。從嘉義到高雄、再到花蓮，治療前前後後持續了一年，先生總算可以自己走回家了。

一九九七年盧隨緣與先生到高雄參加培訓，一同受證委員；次年搬來麻魚寮，認識蔡惠孅及林葉富子，就一起做環保，開著環保車到處去收資源回收物。只要有休假，她就來做環保分類，回想起來也將近三十年了！她說：「我們做『人』，身體就是要動，做環保不只可以做運動，身體健康，生活也快樂。」

太保環保站當初由三位簡樸的婦道人家，僅靠一面牆旁的空間開始做環保，同時也吸引左鄰右舍一起來做利益社會的好事。如今的太保環保教育站，歷經十次「被趕來趕去」的搬遷，過程雖然艱辛，卻也激起志工的合心、和氣、互愛、協力，致力尋找一塊可長治久安之地，守護環境，造福人間。

環保護大地　行善行孝一起來

溪口環保教育站

遼闊的天際，一畝畝水稻田中，耕耘機正緩慢前進，白鷺鷥緊跟在後。馬路中央，有土狗懶洋洋地趴在那曬太陽。

人口不到二萬戶的嘉義縣溪口鄉，靠十幾位慈濟志工、與隱身鄰里的環保志工，推行環保，讓環保站從無到有，佇立在和平街上，發揮著守護地球的良能。

鞋店兼作環保站

郭鐘傳將祖傳一塊約八十坪建地，無償借出，整塊地長滿雜草，志工和鄰居共十數人動手開墾。（圖片提供／郭鐘傳）

溪口鄉第一位受證的志工謝錦綢，在一九九〇年八月臺中市新民工商現場，聽到上人呼籲大家「用鼓掌的雙手做環保」[1]。在民風保守的鄉下，路邊撿回收往往和貧賤人家畫上等號，因此一開始響應的人不多。

1 一九九〇年八月二十三日，上人應邀於臺中新民商工演講。清早出門，見夜市收攤後，街上卻留下大量垃圾。演講結束，看到大家用雙手熱烈鼓掌，便說：「請大家把鼓掌的雙手，用在撿垃圾、掃街道、做資源回收，讓我們這片土地變成淨土；垃圾變黃金，黃金變愛心」。資料來源：《拾福》（環保三十周年：中區慈濟志工口述歷史），林秀鳳等口述，魏玉縣等整理。

剛從嘉義市搬回溪口、開店從事鞋業批發的李淑寶，因結識謝錦綢，成為慈濟錄音帶「渡」（志工做慈濟的心得分享）的忠實聽眾，更加認識慈濟。

一九九二年，謝錦綢帶領會員去慈濟臺中分會聆聽上人開示，回途時告知李淑寶：「上人希望大家做回收。」李淑寶立即採取行動，將家中的鞋盒收集起來，堆在自家鞋店前的一小塊空地。

除了往來的客人和左鄰右舍，她逢人就說慈濟，鼓勵大家把回收物拿到她這裏，自成溪口第一個回收點，當時是一九九二年。等待累積一定的量後，謝錦綢即連絡嘉義志工來載。

嘉義第一臺機動環保車

早期，回收物都是由蕭志誠、阮慶萬、鄭惟喆等三人，一起規劃回收路線，一星期載一趟。早上七點多從嘉義市出發，阮慶萬開著自家貨車，展開環保行。

首站來到水上鄉，接著鹿草鄉、布袋鎮、東石鄉、朴子市、太保市、新港鄉、溪口鄉，這是「嘉義的第一臺機動環保車」。經過二、三個月後，回收點越來越多，志工決定，一起集資購買一輛只開了一年的三．五噸二手貨車，成為「嘉義第一臺慈濟環保回收車」。

再經一段時間後，載運任務就交棒給大林的李惟慶及溪口的郭文壽。口耳相傳，回收點逐漸增加，多達六十多個，橫跨鄰近鄉鎮（雲林大埤興安村、大林鎮排路里）。初期的回收並沒有做細項分類，載運的環保志工到了回收商

大吉國中「希望工程」拆卸下來的建材，被拿來環保站使用。左一為李淑寶，右一為郭文壽。（圖片提供／郭鐘傳）

那裡才一一分類，耗費相當多的時間與體力。

李淑寶在一九九九年受證後，希望幫上人接引人間菩薩，且因應回收物需要有空間放置、及事先分類等，深感需要一個環保站。與先生郭鐘傳共識後，將祖傳給大孫的一塊約八十坪建地，無償借出。

二〇〇一年，正好大吉國中「希望工程」[2]於同年五月竣工，便將拆卸下來的建材拿來環保站利用。

外行沒問題！

當時整塊地長滿雜草和西施柚，志工和鄰居共十餘人動手開墾。對於工事完全外行的他們，常常被柚子樹上的尖刺刺傷；為了省錢，向別人借來工具，徒手用鋸子鋸樹，鐮刀除草，尖鏟挖地，再立上鋞管當隔間。志工自架鋼樑，從郭鐘傳家接來水電，整個過程邊做邊問邊學。

大伙兒即使磨破了手皮，做得全身痠痛卻不以為苦，還感到前所未有的歡喜，睡前仍期待著明天的工作。

二〇〇一年八月，花了三個多月的時間，從整地、圍籬笆、蓋屋頂、發心買流動廁所、集資買中古回收車等，大家同心同志，出錢又出力，終於把環保站建設起來了。

環保站於二〇〇三年將右側石子地鋪上水泥；二〇〇九年八月獲得補助進行大整修；二〇二〇年十月因外牆傾斜，由大林陳麗竹的先生王木楠出材料，聯合社區志工整修完成。

女子大丈夫

搬運回收物是粗重的工作，早期還沒有男眾投入，三個開店的家庭主

2 希望工程：九二一地震帶來巨大災難，臺灣許多百年歷史的學校應聲倒塌。上人憂心地開示：「教育不能斷層，不能讓孩子在惡劣環境中讀書。」慈濟基金會毅然承擔認養重建災區學校工作的「希望工程」，投入百億經費，動員志工十萬餘人次投入。資料來源：《覺無常》（慈濟志工口述歷史：急難救助訪談紀錄），蕭惠特等口述，張美齡等整理。

環保志工合力將寶特瓶分類回收。（攝影／鄭麗玲）

婦兼老闆娘─李淑寶、鄰居周芳瑜、以及游昭敏，開著先生的貨車一同去載回收，笑稱「女人當作男人用」。

游昭敏的先生陳坤城在溪口柴林村從事農機修理，受上人的悲心悲願所感動，平日也會利用空檔幫忙到溪口各點收。當時，柴林的回收推廣由他們夫妻倆發起。

初期，彎腰撿回收不是一件容易的事。有一次，李淑寶騎摩托車接送小孩上學途中，看見路邊一個鋁罐想撿，心想身為老闆娘的她，去撿，「萬一讓人誤會怎麼辦？」

心思就在「撿」與「不撿」之間來回遊走，一天、兩天過去了……直到第三天，在確定四下無人後，她迅速把鋁罐撿起、扔進籃子，催促油門趕緊離開。

這一個輕輕鋁罐，花了她三天才撿起來。後來撿多了，她也越加輕安自在。

顧店、張羅三餐、照料小孩，都是李淑寶日日放不下的工作，同時還要兼做環保。環保站蓋好後，她就請鄰居幫忙顧店，總是兩邊跑來跑去。

護法金剛加入

張惠玲於一九九五年受證，同年與郭文壽結婚，婚後夫妻倆互相補位做慈濟。為了不讓家裡長輩起煩惱心，郭文壽時常偷偷地把制服塞在包包裡，到外面再換上。

「你等一下要在哪裡吃飯？」以為兒子幫人載回收、會被發送便當的

電腦工程師郭文壽是上班族，仍利用假日，承擔回收載運的工作。（圖片提供／鄭麗玲）

母親問道。

「沒有啊！我等一下要回家吃飯。」郭文壽尷尬地笑著，這時母親才知道兒子是幫忙做「免錢工」。

擔任電腦工程師的郭文壽是上班族，個頭不高，卻甘願利用假日，勇於承擔回收載運的工作。當年嘉義區環保工作剛起步，人手有限，他一個人獨自開著回收車，上上下下地搬運，除了溪口外，包括大林、民雄、頭橋也都幫忙跑，幸好後來有了陳德郎、張漢榮幫忙分擔溪口路線。

當時正值台灣經濟蓬勃發展，許多工廠樂意將回收物交給慈濟。在悶熱的工廠裡搬運太久，郭文壽時常累到中暑。他卻沒有因此放棄，後來學到經驗：「避開中午時段，早一點或傍晚再去，就不會累過頭了。」

做，我尚愛！

一九九七年春，何量誦和先生陳德郎騎著機車，來到車程十幾分鐘的大林。經嫂嫂口中得知，大林慈濟醫院要在這裡成立，本著一念善心，夫妻倆主動前來捐款，輾轉認識了李淑寶，並著手回收工作。

何量誦總是說：「做，我尚愛囉！」被太陽曬得紅黑的臉頰揚起自信的笑容。做事她不怕，就怕沒得做，將慈濟事看得比自己的工作還重要。庄內的人笑他們倆夫妻有夠傻，有空不去賺錢，還捐那麼多錢給慈濟，然而，夫妻倆明白這一生該要往什麼方向去。

「這是師父要用的，我要買給師父用！」自幼務農，省吃儉用，對於流汗的辛苦錢該怎麼運用，她自有打算。

環保站成立後第一部集資的二手環保車，不久後卻故障無法使用；且郭文壽是上班族，只能利用下班時間或假日才能跑環保車。於是何量誦和先生商量，決定賣掉自家的舊車，換成大一點的二手貨車，除了自用，也當回收車用。只要電話通知哪裡需要載，兩人就能立刻前往。

坪頂村、菜園村一帶，在他們的宣導下，成為溪口回收點最密集的地區，有十多個回收點。

八五阿嬤 一塊地的幸福

劉吳紊阿嬤在環保站未成立前，就在家中設立回收點，將左鄰右舍的回收物集中，並分類得清清楚楚，更運用巧思將曬衣架撐開網子做回收袋。

看到就撿，像呼吸一樣自然。劉吳紊的丈夫生前時常在村裡「巡大路」撿回收給慈濟，就連中風後，看到水溝裡有回收物，行動再怎麼不便，也要下去撿。

「你阿爸有夠傻的！騎機車賠油錢，去撿回收！」村裡人跟劉吳紊的兒子笑話說，兒子聽了很不是滋味。

志工劉吳紊利用住家空地堆放回收物，她說，現在只要去外面撿拾，就可以捐給慈濟，做善事助人。（圖片提供／黃怡慈）

嫁給丈夫時，倆人只有一個五坪大的房間可挨，逢雨浸水的窘境至今仍令她濕了眼眶。夫妻倆靠著四處去跟人家扛稻穀、做勞力活，才有如今這棟寬廣的樓房。

丈夫往生後，媳婦不捨她辛勞，問她是不是趁此結束。她溫柔地跟媳婦說：「沒關係，我們有一塊地，能夠讓人家放，足幸福的呢！」吃過苦的人，有苦人所苦的悲心，劉吳紊打從心底感恩現在所擁有的。

「我跟村裡的人說，如果你們要丟掉，拿來放我這裡就好。」人家拿來隨地一放，劉吳紊還跟對方說感恩，並趕緊把它收拾得整整齊齊。有時尿布、垃圾等污穢物混在其中，怕人家下次不拿來了，她也不跟對方說，甘願默默地自己整理。

「我知道這個工作是自己的，所以要早早起來做，做得很快樂！」「只要讓我身體健康，讓我做什麼都願意。」八十五歲的劉吳紊做得很歡喜。

孝順與慈濟兼顧

「你好！」逢人就主動打招呼，白色鴨舌帽上印著某某農藥行；一臺日本時代富士霸王號腳踏車慢慢踩。空曠田野，麻雀飛過。「嘎——！」煞車聲響，八十二歲的張崑城小心翼翼地下車，撿起路邊的回收物。這景象正巧被路過的村人瞧見，讚歎他做慈濟不是做給人家看的。許多人被他的精神感動，主動捐錢給慈濟。

張崑城任職於溪口鄉農會，地方大小事都瞭若指掌，為人謙卑和善，因此獲得鄉民「有求必應土地公」的美名。

「吃飽沒！」張漢榮開著回收車，一旁坐著張崑城，兩人親切地與村人噓寒問暖。

「這期的收成好嗎？」

「阮孫滿月了！來乎阮請啦！」

平均每兩個禮拜就會來收一次，早已和這些回收點的志工熟悉得像自家人，回收的電器，張漢榮就把它們搬回家整理。

張漢榮四十七歲時毅然退休，放棄高薪，留在臺灣守著父母。為了讓父母安心，他刻意把環保場的電器搬回家整理，讓父母時刻找得到他，一方面也能充實退休生活。老父親聽見兒子用他年輕時修理農機的工具拆卸電器，機具碰撞發出「鏗！鏗！鏘！」清脆響亮的聲音，他知道兒子就在身邊。

環保站所使用的回收車是張漢榮的公司在二〇〇五年移居海外後、留給他用的，他把車子捐贈出來，只見一．七五噸的藍色環保車，常穿梭在鄉間「撿寶」。

渡化眾生方便門

回收，不再是貧賤人家的標籤，它是做好事的途徑，是疼惜子孫、愛護地球的行動。在上人與志工大無畏的努力下，回收變得充滿意義，大大轉變了人們對回收的刻板印象。

迄今逾二十年，溪口環保站成為孕育慈誠、委員的搖籃，也是社區民眾「做」慈濟的方便道場。

啟動大林醫療網　守護環保菩薩

大林環保教育站

甘蔗林立的嘉義縣大林鎮，村莊內幾乎都是務農人家，志工們大都利用自家原本用來曬穀的院子、或是在大樹下，紛紛設立起小小的回收點。

當年為了要能認識慈濟、認識做環保的重要，在那訊息不流通的年代，志工透過搭「慈濟列車」到花蓮，親身感受靜思精舍出家師父們克勤克儉[1]、堅決助人的心。

以善以孝傳家

一次性物品造成大量垃圾，環保志工彎腰護大地，做好事又能活動筋骨，增進健康。（攝影／張竣彥）

陳美鳳在一九九一年以替家人植福的心成為慈濟會員，一九九三年透過女兒國小老師許秀足的邀約，存著打鐵趁熱的念頭，將一家四口到花蓮的費用拼拼湊湊，全家搭乘慈濟列車到花蓮，親身體會精舍師父們「一日不作、一日不食」的自力耕生精神，並在精舍過年！

1 早在靜思精舍建成之前，上人與弟子即以「一日不作，一日不食」的精神刻苦修行；克己、克勤、克儉、克難的靜思家風，從此綿延久遠。資料來源：《慈濟月刊》五九三期〈守志奉道的靜思家風〉，中文期刊部慈濟史編撰小組撰文。

走在精舍前的小路，陳美鳳感受到無比的寧靜，不似一般寺廟的氛圍，精舍更加沈靜，讓她猶如找到了根。聽上人講到愛地球、做環保，志工也分享著如何做環保，鼓勵大家：「大林要蓋醫院、請大家一起來做慈濟，大林的慈濟會員、委員很少，請有心人士多多參加。」陳美鳳在車上也鼓勵先生陳廣賢可利用假日做慈濟，幫忙割甘蔗、拔草、澆水……

一九九四年年底，兒子帶回老師許秀足一直放在學校圖書館裡捐助尼泊爾震災善款的結緣品，那是許秀足要送給陳美鳳珍藏之物。當時正忙著幫客人燙頭髮的陳美鳳，趁空檔時隨手拿起結緣品讀著：「有量就有福，有福『心』就靈。所謂：『福至心靈』，世間有二件事不能等：一、孝順，二、行善。」她心頭瞬間一震：「哇！這是誰寫的？簡單白話卻又讓人深思。」

陳美鳳想到昔日與父親相處的點滴，當年身體欠安的父親迫切需要醫師的診治，她卻要父親「等一下」，未立即就醫。如今父親往生，想孝順已無機會。這段話如此貼切道出她的遺憾，讓她驚覺為善行孝要及時。

後來她才知道那就是靜思語[2]，為了提醒自己，陳美鳳將結緣品裱框，放在舉目可見的地方，當成自己的座右銘亦是家訓，數度搬家也不忘帶著它。

大林建院聚共識

一九九六年十月十三日佛教大林慈濟醫院開工動土，這是鎮上的大事。青草伯鄒青山記得動工前，上人這麼交代他：「我們的醫院要蓋了，你要時常來走走看看。」當時這片土地上種滿甘蔗，鄒青山自動來管理、灌溉；動工後，他也和在地志工輪流到工地煮茶水，並整理工地回收物。

當時任職於中國石油公司的陳廣賢，正重返學校在職進修，有一次放

2 「靜思語」出自上人平日向弟子、慈濟會員或社會大眾的開示及談話，簡短易懂，但往往正中人心，讓讀者在隨喜的翻閱中，對種種現實人生的困境豁然開朗，深刻體悟生命真諦，從而認真地活在當下。資料來源：《覺無常》（慈濟志工口述歷史：急難救助訪談紀錄），蕭惠特等口述，張美齡等整理。

陳廣賢深入鄰里鄉間去宣導環保，從巷弄裡搬出寶特瓶回收物。（圖片提供／陳坤安）

假在家，目睹年長的青草伯鄒青山及青草姆許書滿，正駝著佝僂的背裝疊回收物。

「你看，老人家年紀那麼大、背又駝，都在做環保，你年輕又會開車，應該去幫幫這二位老人。」陳美鳳適時地鼓勵先生陳廣賢。

於是陳廣賢開始開著環保車，走入社區宣導環保，鄉親們也紛紛騰出家中一隅堆放可回收的物資，等待志工登門清運。看著眼前的垃圾，經過逐一分類後「垃圾變黃金」，變賣所得護持大愛電視台，「黃金變愛心、愛心化清流、清流繞全球[3]。」透過大愛電視啟發更多人的善念，他深感所有的付出都是值得的，也對照著他最喜歡的那句靜思語：「甘願做，歡喜受。」

陳美鳳也總是在先生背後支持著他，每當假日陳廣賢忙著載運回收時，開美容院的陳美鳳便抽空烹煮食物，讓勞累的他補充體力。

大林慈院啟業成立環保站

二〇〇〇年八月十三日大林慈濟醫院啟業後，有大量的回收物需要志工幫忙，陳廣賢、蕭福宗、郭文壽、洪俊吉、謝國雄等五人都會到醫院地下室二樓堆疊回收物，再載到估物商處賣掉。

3　一九九〇年，上人於吳尊賢公益講座中呼籲人人以鼓掌的雙手做環保，開啟慈濟環保志業。一九九八年大愛電視臺成立後，臺灣慈濟的環保善款，更集中資助大愛臺的營運，進一步成就「垃圾變黃金，黃金變愛心，愛心化清流，清流繞全球」的媒體功能與社會教育。資料來源：《慈濟月刊》六四五期〈環保推手在民間〉，葉子豪撰文。

他們想到若醫院有一處空地能堆放回收物，除了節省地下室存放空間，也可舒緩志工的壓力，更可讓建院時照顧花草的志工、鄰近有心為善的人加入慈濟的志業。

於是謝國雄等人向大林慈院建議是否能有一塊地成立環保站，大林慈院院長林俊龍身先士卒，於二〇〇四年展開了大林環保教育站的首頁，順著大林慈院鋪設的連鎖磚往內走，經過醫院員工運動場，處身在一片樹林旁的，就是「大林環保教育站」。

一到週日環保日，林俊龍必定守著鐵罐區，親自把所有的鐵罐拆完，將慈濟的醫療與環保融為一體。時至今日，這仍是環保志工津津樂道的共同記憶。

自郵局退休後便專心投入慈濟環保的謝國雄，對於環保站的所有大小事，他都放在心上。他負責環保站拆解工作，也擅於修繕，經他的巧手延續了許多機器的壽命。

二〇一一年環保站增建多功能教室，讓志工有心靈成長、聞法精進的空間，除了敦請專業的建築師，志工也挽袖加入行列，奉獻出自己的時間與體力。

慈濟「大愛感恩科技公司[4]」在二〇一四年送給大林環保站一臺壓縮機械，將處理過後的寶特瓶、鋁罐、紙容器、輕塑膠，經壓縮後減少存放空間，並方便運送。簡志安、簡豪增、李惟慶、林圭南等常在機械前將一袋袋蓬鬆的物資擠壓成方方正正的、再一一堆疊。

回收的儲水容器，也用來儲存雨水以清洗髒垢，大家惜水愛水、避免缺水危機。

醫事C級巷弄長照站

臺灣進入高齡社會，因應政府和社區對長者照護需求漸增，慈濟基金

4 二〇〇八年大愛感恩科技公司成立，以回收寶特瓶紡紗製造成衣，實踐環保零廢、循環經濟。資料來源：《慈濟月刊》六四五期（慈濟環保三十・大事記）。

會在二〇一八年八月成立「慈濟長照推展中心」，二〇一九年更名為「醫事C級巷弄長照站」，針對六十五歲以上的長者由專人規畫一週一次的體能、手工藝、衛生教育上課與共餐，透過課程設計教長者如何吃、保養身體及運動，延緩老化！

「人老了，沒個盼望，加上足不出戶，沒人說話，缺乏新的刺激，身心退化得越來越快。」大林慈院失智症中心暨神經內科主任曹汶龍投入失智症診治多年，觀察入微。「我們想做的，就是幫老人找回活力、創造新的記憶、找到新的寄託。」他說。

在慈濟基金會的支持下，曹汶龍從二〇一四年開始進入社區做失智症篩檢，讓長輩減少奔波就醫的辛苦，在家附近的關懷據點就能做失智症篩檢，必要時再轉介到醫院做進一步的腦部電腦斷層、抽血。「確診失智症，要到醫院跑個四、五趟，這麼折騰，很多長輩因此就不去了，」曹汶龍指出。

黃萬長二〇一五年自鐵路局退休後，透過社區見習、志工培訓來認識

大林慈濟醫院神經內科曹汶龍主任（右一）陪伴病友做環保，踩寶特瓶、鋁罐等，活動腦筋，加強肌力。（攝影／黃小娟）

環保志工大多是高齡長者，志工在室外設置桌遊站，讓環保菩薩透過遊戲，手、眼、腦並用。（攝影／劉志銘）

慈濟，如今是大林環保站醫事C級巷弄長照站的聯繫窗口。長者平日到環保站做塑膠分類、銅線拆卸，週六則參加醫院安排的活動，如體能訓練、提供營養的簡單料理，復健師則用專業評估學員須加強注意的動作，讓長者在愛護大地之餘，同時疼惜自己。

活到老、參與到老

健康管理師黃育君從二〇一八年就到環保站陪伴長者，鼓勵長輩走出家庭、樂於跟人群互動。活動中，她以專業帶領學員在安全的狀態下，用遊戲方式活動筋骨，練習肢體平衡、手眼協調。

長者在這裡有了伴，大家一起做運動、一起拉筋，共同度過美好時光。長期的相處串聯了彼此的情感，剛開始長輩們還會覺得環保站有點遠，但現在大家會相互關心：「ＸＸＸ怎麼沒有來上課？」

孫秀玉大半生跟著先生在北部為生活打拚，二〇〇八年返鄉，並跟隨鄰居一同清掃街道做環保。在環保站的測試中，評估她有失智前兆，目前參加大林環保站醫事C級巷弄長照站的課程，隨著老師做活動。

做運動時，孫秀玉常熱心叮嚀同學肢體小動作。生活中遇到挫折，她則感嘆：「一切都是命！」晨起薰法香，對於自己一生的苦，她自覺：「是我上輩子沒做好，這輩子要修行來補。」因此面對一關關的挫折，她也心懷感恩，努力做慈濟布施、植福。

李賽金從臺南嫁到大林，屈指一算已四十五年。她開服飾店後來以修改衣服為業，為了照顧婆婆，始終沒離開過

早期的大林鎮民風淳樸，居民大都利用自家騎樓下，就做起回收分類，全家大大小小一起來，和樂融融。（圖片提供／陳美鳳）

家門。直到某日，居住北部的友人到大林慈院做醫療志工，一通電話打來跟她敘舊。當時的她心情鬱結，友人鼓勵她：「你不可以每天躲在家裡，一定要走出來！」

之後友人結識了大林環保幹事張惠玲，勸她到離家不遠的環保站多走走。

環保站同時設立了長照點，相較於過往封閉的生活，參與長照的李賽金感覺身心更加自在。雖然一週才來一次，回到家裡她會針對自己的痛點做局部拉筋伸展、按摩。也是在行善中，讓她體會到：「付出無所求。」若心中有所求，必會造成心理的罣礙；唯有無所求的付出，能讓自己擁有真實的快樂。

馮莊束居住在離大林慈院近二十分鐘車程的三角里，當年因斗六慈濟醫院簡瑞騰院長母親的邀約，不畏路途遙遠來到環保站。無論是盛夏或嚴冬，逢週日大回收時，年逾七十的她總如常地出現在環保站，為清淨大地而彎腰。

「不好意思！去吃這一餐。」禮佛的她有顆不貪的心。

「不是邀妳來吃一餐，是醫院邀請許多專業的營養師、復健師、健康管理師，幫助大家注意自己的身體，那個才是重點。」志工這樣解釋、鼓勵她。

陪伴長者，透過長照課程加強體能、肌力，烹煮健康又美味的食物，將他們的身心照顧好，繼續為大地健康付出，這就是地方環保、長照站的存在意義。

讀書會傳遞善良溫馨人文

新港環保教育站

帶動嘉義縣新港鄉社區做環保的第一顆慈濟種子，是一九四一年出生的江美枝。

三十年前，家中三個小孩見父母退休在即，提議父母做慈濟，免於兩老每日在家無所事事。江美枝先收善款匯款至花蓮靜思精舍，沒多久精舍師父便寄來勸募本。她常去住家附近的法音寺念佛，寺中信徒眾多，一開始募款會員便增加快速，沒多久達兩百多戶，整條街都加入了。

高齡八十歲的江美枝殷切期盼，「老人要顧，少年要箍」，人間菩薩要大招生，多招些年輕人來加入環保的行列。（攝影／王翠雲）

守護大地　身體力行

雖然常拜經念佛，但聽到證嚴上人說「用鼓掌的雙手做環保」時，江美枝覺得每天念佛念得一身汗，「念無形！只是口中念，但身體都沒有去做。」不如身體力行比較實在。

她將住家後方的房子整理出來做回收，從家人、鄰居開始宣導：「我師父說做環保，地球才會乾淨，對我們的身體好，下一代子孫也住得安心。」果然獲得大家支持、認同，將家中可回收的資源拿來她家後方的空地。她並邀先生吳成信及兩位小叔吳國雄、吳茂雄在家後方做分類，於一九九九年在新港開始資源回收。

江美枝帶頭做環保，每天從早到晚，有時晚上睡一下半夜又爬起來，兒子形容她比公司大老闆還忙。她獨自開闢善途，直到二〇〇六年投入的志工越來越多，才比較輕鬆。

日子雖忙碌，但江美枝愛念佛的心不變，每日清晨三點多起床梳洗，四點半至五點半跟隨精舍師父禮拜《法華經序》，接續薰法香聽聞上人講解《法華經》到六點半，還將上人的靜思語「人生的價值在於功能」掛在客廳醒目處，時時提醒自己勿空度光陰。

流浪的環保站　終得安定

辛勤耕耘終有收穫，江美枝逐漸度出無數的小雞（會員），最先接引的是林玉貞。

隨著做環保的人越來越多，需要更大的空間，除了江美枝家的環保點，再開闢一處在林氏宗祠前的庭院空地，因林玉貞的父親在此工作，讓志工們得以在這做環保。

當時約有十來位環保志工參與，一年來先是鄰居嫌髒反對，遂移至林玉貞娘家旁空地龍眼樹下；經過六個月，由於民眾將回收物和垃圾混合全送來，居民也受不了臭味，又再移到古民國小旁的空地。

此時參與環保的志工已增加到有二十六人了，回收量大增，於是大家集資募到二十多萬，購買了一臺中古貨車

新港環保站平常回收的環保物品，有依類別放置，此為玻璃瓶罐區。（攝影／江文淵）

林玉貞在環保站剪塑膠袋，她笑說，已經把環保當例行工作，每天來就安心。（攝影／王翠雲）

來載回收。人多又有車，大家歡喜地於每週六大清早五、六點集合開始分類，彼此合作互協，希望無窮。

八年後因地主要收回，只得再移到古民村裡的一塊建地上做；不到一年又遭鄰居反對，只好以三千元租下新民路上的一塊空地來做。這樣做了六、七個月，大家發現回收來的錢，連繳給地主都不夠。

正憂愁環保點前途茫茫，林玉貞跟林華有[4]談起租地做環保之事，林華有提議，「不如我將花園那裡撥一塊地出來，看你們會不會嫌遠？」林玉貞邀集大家前往勘察，大家一致認可。

多年來歷經六次更動，環保點終於有塊固定的地方！大家熱烈地討論著如何搭建新港環保站，無論是鐵皮屋、遮雨棚、圍牆、舖地磚，樣樣都要錢，眾人再度集資整地裝修，化身為一畝大良福田！

大家「有錢出錢，有力出力」，從事裝潢的林祐本和小舅子張宏仁及江文淵從頭做到尾規劃建設環保站，將地上原有的樹木全數保留，鐵皮屋區隔為L型，包含塑膠類、衣物類、玻璃類、紙類、大料雜類、寶特瓶類等各分類區。

他們從嘉義園區環保站載來一些舊的連鎖磚，志工們敲敲打打用鐵刷刷去沾黏在連鎖磚上的塵土，大家合力拼湊平坦大地。其他能回收再利用的建材儘量使用，到二〇一〇年的春天，新港環保站終於有了安定的家；

1 滿頭白髮的林華有，曾任縣議員、農會理事長等，在地方上政治實力雄厚。晚年他將重心放在公益事業，每年捐獻財物給聖心教養院、世界展望會，是慈濟資深志工，同時因經營園藝被稱為「綠化大使」。

位在嘉義縣新港鄉新港公園西側，緊臨嘉北公路旁。

做環保舒壓　轉換心境

不論風吹、日曬、雨淋，每天只要有空的人就會來做環保，尤其是每週六、日下午，參與的志工人數更多，分類的速度也更快，由林祐本、陳聰烈和幾位志工統一載至回收商那裏。

做環保堪稱是舒壓的好方式，阮秋妹的爸爸得帕金森氏症、媽媽有失智症，她每天為了照顧兩老身心疲憊，卻也利用假日來做環保，順便透透氣、轉換心境。

「以前很愛賭，常一夜輸掉十幾萬，但加入慈濟要守『十戒』，就把多年的惡習給戒掉了。」陳聰烈哈哈大笑地訴說著過往迷失的人生。他在初中時左眼罹患白內障，幾乎失去視力，卻並未影響他做環保，早起開著貨車前往各地收集各種玻璃瓶回來環保站分類。一公斤回收價不到兩元、粗重又不值錢的玻璃瓶，新港的回收廠商皆不收，卻占有環保站回收總收入的三分之一比重。

陳聰烈身手矯捷，堆疊厚重的玻璃瓶，他總是走到前頭。有時工作忙無法來環保站，他會僱較貧困的人來做，讓對方靠自己的工作賺取酬勞；遇到有憂鬱症者，也鼓勵對方來做環保，才不會胡思亂想。相較於以往有空就跑賭場，現在是常跑環保場，做累了晚上倒頭就睡，陳聰烈如今的人生，既充實，又滿足。

「掃地掃地掃心地，不掃心地空掃地」，藉由掃除外在的塵垢，進而滌濾自心煩惱垢，正是修行用功的入處。林玉貞每天在環保站掃落葉，她自覺每天掃的不僅是大地的落葉，也同時掃除了自己心中的污垢。

林玉貞五十歲時拜師學習揚琴，常被邀請至各地表演，包括受邀至大林慈濟醫院的大廳及病房區展演。她回憶在大林慈院醫護宿舍後方那塊地上，有許多小樹苗無人照料，她便商請林華有邀集幾位退休老師共八人，每日到大林慈院除草澆水，綠化醫院景觀，持續維護樹苗已十年。

第十二屆嘉義縣議員卸任、也曾任新港鄉農會總幹事的林華有，退休後積極推動社區綠化。早年時他買下一塊約七分多的燒窯地，提供五分多給新港文教基金會成立「自然農場」耕作自然米，將邊緣地勢較差約一分多的土地，種植樟樹苗送給社區綠化環境，也分別送六百棵到慈濟大學實驗小學、及八百棵到大林慈院去種植。

如今他在苗園邊撥出約一百六十坪的地方，無償提供給志工們做環保。樹苗園每天從早就有訪客來泡茶，茶桌上總有許多可口的甜點；隔鄰做環保的志工們累了，一過來就有好茶、美食，成為大家飢腸轆轆時的元氣補給站。

讀書會增長智慧

江美枝接引的另一位志工盧秀英，做環保已有三十年。

盧秀英的個性原本一板一眼，看到不順眼的事就會很大聲；做環保後

盧秀英的個性原本一板一眼，看到不順眼的事就會大聲；做環保讓現在八十歲的她身體健康、越做越勇、越做越歡喜！（攝影／王翠雲）

環保站大多是年長者，在環保站有事做、有人可以聊天，成為年長者的輕安居。（攝影／林俊廷）

她也漸漸改變個性、聲調，每週一次的環保聚會，總是煮點心給環保志工享用。她的善舉在法音寺的信徒中傳開，寺裡的師父受感動，也發心煮點心和這群環保菩薩結緣。

盧秀英有感而發說道：「看到鄰居比我還年輕，已請外勞來照顧，而我快八十歲了，不用別人照顧還能做環保，一個月可以賺三萬多元（省下看護的錢）。做環保讓我身體健康、越做越勇、越做越歡喜啦！」

二〇一五年，為了讓環保志工做回收造福的同時，也能修慧，環保站希望成立讀書會，提升人文涵養。

他們情商林祐本住家後面的房子設立讀書會場所，在林圭南帶領下，大家從《法華經序品》開始。讀書會從原本兩週一次，改為每週一次，會中大家熱絡討論，面對逆境或惡意的言語時，可借用哪些書中智慧來轉換心境，例如，「不在是非對錯裡起煩惱，就是將人事當教育；若因此而起煩惱，就是將人事當是非。」一個人若持平常心，則無論遇到任何環境和挫折，都能安然自在。

潛移默化，讀書會讓參與的環保志工們持續智慧成長，傳遞良善溫馨人文。

一頭栽入環保　堅持到最終

江美枝的先生吳成信任職於民雄農工，未退休前他並不認同慈濟，覺得撿那些垃圾很髒，他不要。

江美枝巧言力勸：「雖然髒，但只是一陣味道而已，若不把它撿起來整理回收，那大家不都住在骯髒的世界裡？你看到處是塑膠袋，都把地球包住了，你自己喜歡住在髒亂的地方嗎？上人說：善與惡拔河，哪邊會贏？當然是人多的一方會贏。所以，我們需要更多人來做環保！」

先生想想也對啊，聽進她的話，開始隨江美枝一起訪視、收善款等，若在外面看到塑膠袋，都會撿回來洗洗晾乾；看到貧困的人，也會幫忙提報訪視關懷個案並布施衣物錢財。等到正式退休後，他幾乎全年無休，如站長般常駐在環保站中。

吳成信發現，做環保不會老年癡呆，腦袋反而越來越清明，也越做越投入。他從六十五歲退休一直做到八十二歲，二〇一六年六月某日，烈陽高掛空中已是正午時分，當環保志工們回家午休，剩他一人未離去；等到午後有志工前往環保站，才發現他躺在地上，已無心跳，放下他最愛的環保離世。

先生匆然往生，並未讓江美枝有絲毫退卻，她認定做慈濟是本份事，「公修公得、婆做婆得、一切自做自得。」只是近年來她頸椎退化，常暈眩、走路不穩，現在只能收功德款及給予法親關懷，並分享自己的經驗，深感一個人的力量有限，需要找人接棒。高齡八十歲的她殷切期盼，「老人要顧，少年要箍」，人間菩薩要大招生，多招些年輕人來加入環保的行列。

新港環保站由江美枝帶動，幾經更換從未動搖做環保的決心，終於塵埃落定不必四處流浪；也藉由她母雞帶小雞努力邀約、宣導，讓投入的志工漸漸增長為一群肯付出、堅強有力的團隊。但歲月催人老，環保站裡有許多粗重的工作要扛，亟需較年輕的一代來承擔；傳承，將是環保站接下來極為重要的課題。

活動式屋頂　善用智慧做環保

水上外溪洲環保教育站

北回歸線，代表太陽直射地球最北邊的位置，也是熱帶與溫帶氣候的分界；嘉義縣水上鄉，便以北回歸線經過著稱。葉秀榮一九八一年成為慈濟會員，「雖然繳了十幾年的功德款，卻沒人告訴我，慈濟做怎樣的濟貧，又要如何做？」

為了了解師父怎樣幫助貧苦的人，她一九九五年搭乘慈濟列車到花蓮參觀，同行還有黃慧美、李呂麗珠。在火車上看到帶隊志工回收吃完的便當盒，整理乾淨，連糖果紙都回收，令她感動。

到了花蓮，聆聽慈濟的緣起故事，見瘦弱的證嚴上人，投入慈善之初，

葉秀榮（左一）利用自家旁電線桿下做起回收。（攝影／王翠雲）

從未為自己的住處打算，反而關懷貧病弱勢者。上人的身行讓她下定決心，「這是我要跟隨的師父」，回到嘉義的隔日，她就在早餐店開始做回收，並積極地向客人宣導環保。這裡，便是水上鄉第一個回收點。

回收是功德 減垃圾並助人

經營早餐店這麼多年，葉秀榮從沒想過每日隨手丟棄的餐具，皆是可回收的資源，於是她開始做回收，再將回收物載運回家置放。黃慧美和李呂麗珠也共行善事，還熱忱地邀約鄰居一起來做。

葉秀榮家有一輛中古農用一・五噸的貨車，結束生意後，她就開著貨車到水上鄉各村莊去載回收，再載回住家空地做分類，整理好了就載去給估物商估價。一整天忙下來，一車回收物只賣到一百七十元。

黃慧美問她：「划得來嗎？」

葉秀榮信心堅定地說：「回收是減少垃圾，物材再用，賣的錢也可以救人，一舉兩得，還是要做。」

在她們的用心宣導下，漸漸地，水上鄉大崙村、塗溝村及太保鄉後潭村累計已有三十個回收點。回收物都是運載回來置放在葉秀榮家空地，後來空地蓋房子，才移到馬路上的電線桿下，晚上則利用路燈照明來做回收，至今仍是大崙社區的回收點，已有二十五歷史。

一直到二〇〇六年水上鄉外溪洲環保教育站啟用，吳新璋用自己的貨車來載運回環保站集中分類整理，大崙電線桿下的回收盛景，從此步入歷史。

田園變身環保站淨心

吳新璋從上班族轉行，繼承父親從事機車相關業務。他說：「我是從善門走入慈濟，上人說佛法要走入人群，學佛要身體力行，人人皆是一部大藏經，要去體悟人生真理。」他在水上鄉外溪洲有一塊閒置土地，於是與妻子李美玉商量，拿來做為環保站使用，必能帶動社區志工一起參與，開啟環保正確觀念。

二〇〇六年四月吳新璋帶隊利用工廠貨車，從南投縣載運「九二一大地震」回收拆卸下的組合屋[1]資材回到站內，物盡其用搭建佛堂教室、廚房、廁所、回收區。

志工們點滴累積、齊心戮力，有人負責木工，有人負責水電，有人協助砌牆、粉刷，更有人規劃景觀，每一位參與的志工都發揮自己最大的良能。

1 為了讓無家可歸的受災民眾，不致在寒冬將至之際仍僅以帳篷棲身，慈濟基金會於一九九九年九月二十三日開始採購組合屋建材、九月二十八日動工，至同年十二月二十八日悉數完成。資料來源：《覺無常》（慈濟志工口述歷史）蕭惠特等口述，張美齡等整理。

這樣的好因緣，渡出了志工林再興、陳俊宏、邱明鏡、楊清龍、洪秀鸞等人。楊清龍利用工作之餘，揮汗做環保；洪秀鸞則是常放下手邊工作，邀請自家店內員工一起去做分類，甚至感動了妹妹、妹婿也來幫忙。

同年六月環保站組合屋蓋好，同時完成配電工程。配電作業是由嘉義市志工蔡本雄負責，他開車到水上探勘場地，完成設計迴路、配置電線、戶外探照燈等工作。具營造專長的林世豐也來投入灌水泥、鋪連鎖磚。林俊吉則利用兩塊鐵皮做起大門，陸陸續續運用各項回收資材。七月二十一日志工齊聚搓湯圓、誦經祈福，水上外溪洲環保教育站正式啟用。

從南投載運「九二一大地震」回收拆卸下的組合屋資材回到站內，物盡其用搭建多功能教室。（攝影／汪秋戀）

志工「螞蟻雄兵」般的力量當真不容小覷，不到四個月，回收點就擴及嘉義市、水上鄉、鹿草鄉、中庄村及臨近中埔鄉各地約計三百多點。二〇〇七年三月，何淑蘭經營的幼稚園停辦，捐贈園內可用物品，包括大門；志工將大門改變顏色，加上嘉義市慈濟社區少年班的彩繪，展現全新樣貌。

吳新璋堅持「初發心」力行在法華菩薩道[2]上，數十年如一日。現在他擔任慈濟合心幹事，可說是無憂無求地付出再付出，凡事皆以智慧面對逆境，在慈濟人間路上，心寬念純結善緣。

六指萬能師　環保馬蓋先

劉清標曾在二〇〇〇年一次工安意外中，讓他從此只剩六根手指，但大家稱他是第一名的「六指萬能師兄」。二〇〇四年一月全家族十多人正歡

2 上人說，這輩子讀《法華經》，講《法華經》，力行法華菩薩道，我們大家一起聽《法華經》，你們傳《法華經》，你們也身體力行，跟師父步步向前走。資料來源：20201117 人間菩提 - YouTube。

天喜地準備參與慈濟社區歲末祝福，怎知年事已高的母親突然於當天下午往生，全家人處在一陣措手不及的當下，林秀緞立即邀約社區志工來家中助念。

一輛遊覽車載著志工前來助念，加上大家族的家人共一百多位齊聲助念；雖是寒冬，農村田野、樹梢傳來的蟲鳴鳥叫與風聲、唱誦聲共震，宛如萬物也一同聞法修行。

「那麼多慈濟人來助念，殊勝的因緣讓我覺得不可思議，也非常感恩。或許是捨報的婆婆冥冥中牽引，讓我和先生從此走入慈濟。」汪秋戀回憶時仍歷歷在目：「當時家人覺得慈濟人真的不一樣，怎麼幫人家助念還自己帶椅子？助念時的莊嚴殊勝，讓我們一家族人都深受震撼。」

就這樣劉清標和汪秋戀在二〇〇五年報名見習志工，二〇〇六年培訓委員，二〇〇七年初受證委員，一直到今日都無怨無悔地歡喜付出。

當時吳新璋跟劉清標提及成立環保站一事，他希望環保站除了做環保外，可以規劃周邊景觀，讓來做環保的志工有休息的空間；環保站也要展現慈濟的人文氣質，在社區推廣環保教育護地球，並招募志工一同行善。為了達成這些目標，劉清標和汪秋戀夫妻倆一起承擔起環保站的建設工程。

巧思發明　活動式屋頂

「這個鋼索一定要纏好，鋼索如果沒有纏好、突然掉下來，活動屋頂會壞掉。」劉清標叮嚀著環保站長林再興。

劉清標十七歲就去當機械學徒，善用工程專業，二〇〇七年三月他研發設計活動式屋頂完成，讓辛苦回收的紙類區，不會因淋到雨而降低價格，也讓大型車輛載運回收時，省時省力。這巧思令參訪者屢屢稱奇讚歎，堪稱「有智慧的工具機」。

劉清標說明，紙類區的屋頂高度約四公尺，若是固定式屋頂，抓斗車無法作業；改成活動屋頂後，將屋頂掀起，抓斗車就可以夾廢紙了。但兩片可折疊式屋頂重達三百公斤，要如何省力？他又設計了一個動滑輪，三百公斤

「這個鋼索一定要纏好，鋼索如果沒有纏好、突然掉下來，活動屋頂會壞掉。」劉清標（左二）向參觀會眾細心介紹活動屋頂的使用方法。（攝影／王翠雲）

活動式屋頂，讓辛苦回收的紙類區，不會因淋到雨而降低價格，也讓大型車輛載運回收時，省時省力。（攝影／王翠雲）

的屋頂，透過動滑輪，只需一百公斤的力量就能掀動。配上回收的輪框做動滑輪，不僅志工省了耗時搬運，辛苦回收來的紙類也免於淋雨泡湯。

不忍志工搬運之苦，劉清標從設計到施工一手包辦；環保站有狀況，就和其他志工同心協力解決。他說：「做環保要快樂付出，可以善用智慧解決難題，更發揮巧思，延續物命，大家身體力行，共同守護清淨大地。」

用鏡頭為環保見證歷史

二〇〇六年四月外溪洲環保教育站開始整地起，吳新璋一句：「秋戀，您有相機嗎？」讓汪秋戀開啟拍照的歷程。志工將舊鐵皮做成鐵門的那張照片，也是她做慈濟人文真善美志工所拍的第一張照片，開始以相機記錄環保站的歷史。

剛開始拍照時，都是看到就拍，曾有志工對著她說：「秋戀，你攏黑白拍！」（臺語：胡亂拍），當下她驚覺應該要更用心地觀察，認真地想好、看好再拍。這句話一直讓她銘記在心，更提醒自己要用心在當下。

透過相機凝縮鏡頭中的每個人事物，汪秋戀用鏡頭當彩筆，以感恩、尊重、愛勾勒出人間至情至性的那一份純真，不光是為慈濟見證歷史，寫大藏經，更讓每個人從中找到生命的課題。

志工進入村莊推廣環保，聽到某戶人家要拆屋蓋大樓，有兩根百年石柱想送人。訊息傳到李美玉耳裡，她心想可搬來環保站作景觀，就動用山貓堆高機搬運回來。二〇〇六年九月吳新璋、林俊吉、林再興、劉清標四位協力用繩索綑綁石柱，費了九牛二虎之力將石柱立起在環保教室蓮花池前，承擔著

「福從做中得歡喜、慧從善解得自在」，石柱面向環保教室，字跡端正、顏色清新亮麗，與來到環保站的善知識結好緣。（攝影／汪秋戀）

左右護法。

汪秋戀則親自用黃色油漆寫下：「福從做中得歡喜、慧從善解得自在」面向環保教室，「垃圾變黃金、黃金變愛心」面向環保分類區。至今石柱屹立不搖，與每位來到環保站的善知識結好緣。

遍地開花讀書會

陳素琴主動承擔起每週一環保站的讀書會，「要將上人告訴我們的有為法、有為善，人間的好事，透過讀書會共知、共識、共行，大家的力量齊心來做，才能在人間的菩薩道入人群，利益眾生。」

自警界退休的陳志明，對於環保站的疼惜始終有增無減，不畏髒亂、不辭辛勞，低頭彎腰，運載回收。二〇二〇年起，他每週一和陳素琴一起在外溪洲環保站帶動環保志工讀書會，從佛法中體悟日常生活的「三好」。

蔡瑞榮是醫療幹事，早就規劃退休後全職做慈濟事，投入見習後立刻吃全素、環保護生靈。他每天一定到環保站「薰法香」，並負責玻璃瓶的存放及運送。他認為，「身口意要合一，立志做志工就要遵守上人的教導，茹素是最基本的，讀佛經則要深化在生活言行中，誠正信實地過日子。」

邱阿碧原本是校長夫人，經常在社區及學校帶動做環保，燒得一手好菜，常帶來環保站與大家分享，滿足每一位志工的胃。「心寬念純、美善人生」是邱阿碧追求的根本，「多做多得、少做多失」則是她的人生體悟。

行善轉命運　笑看人生

「師兄、師姊，好囉！」「等一下請大家一起來用餐唷！」環保站廚房傳來陣陣香味，忙進忙出的鄧羅笑開心地喊著。為了接引更多菩薩一起來做環保，鄧羅笑使出素食好廚藝，讓大家吃得歡喜。

「你閒閒在厝，咱來慈濟作環保，我帶你去。」「好是好，不過慈濟都是有錢人在做的，我這樣可以去嗎？」「無這款代誌，慈濟人人都可以做，沒分有錢人、沒錢的人；來去做，你就知道了。（臺語）」一句話開啟鍾金治做環保的因緣。

在投入做回收的日子中，有時在回收物中還夾雜著殘渣食物、餿水等，一股濃郁的臭酸味撲鼻而來，但金治不以為苦，反而用一分歡喜心，更認真地做。

上人說：「能幫助人的人就是菩薩」，佛法就在人人生活中，菩薩則在人人行動中；慈濟人都是有一份善緣走上法華菩薩道，成為人間有求必應的菩薩。走入人群，做「活動道場」，不只做就對了，且要認真做，做對的事。

環保教育最佳戶外場所

嘉義志業園區環保教育站

慈濟嘉義志業園區環保教育站緊鄰嘉義市興業西路地下道旁，前有家樂福量販店及嘉樂福觀光夜市，後有縱貫鐵道，占地約七百坪，為嘉義志業園區的一部分。

嘉義志業園區面積約一萬一千坪，慈濟志工在落實社區[1]後，於嘉義地區產生許多回收點及十六處環保站，二〇〇八年吳漢文察覺嘉義缺少一個較大型、可集中各環保站回收物的儲存區，遂向慈濟基金會爭取，在此地建設一個兼具人文及教育功能的環保教育站。

於是志工動員人力除草整地，將廢棄多年、雜草高過人的紙類製造工廠，轉型成淨化大地的「資源回收環保站」。

建設環保教育站

二〇〇七年證嚴上人呼籲推動「克己復禮、民德歸厚」，希望提升人人的環保意識與禮節、道德觀念。吳漢文謹遵上人的話，使用仍堪用或尚新的建材、及二手設備器械來建設環保站，並保留能用的地上物建築，是為教育也是為惜物。

1 賀伯颱風過後，一九九七年上人開始推展「社區化」志工編組，重新整編慈濟委員和慈誠，讓鄰里得到及時關懷，帶動鄉親加入志工行列。資料來源：《覺無常》（慈濟志工口述歷史），蕭惠特等口述，張美齡等整理。

環保志工沈隆乾（左一）帶動大家比出簡單、好記的環保十指口訣，學習分類回收物的方法。（攝影／王翠雲）

志業園區這塊地已荒蕪多年，雜草叢生，需先除草整地後才能建設鐵皮屋及景觀；從二〇〇八年開始，吳漢文帶動志工，一起披荊斬棘、不畏艱難地開拓荒地，於二〇〇九年啟用環保教育站。

志工們並前往各幼稚園、小學拜訪，宣導園區環保教育站是最適宜做課外教學的場所，希望將環保行動向下扎根。

戶外教學最佳場所

莘莘學子踏著輕快的步伐踏進環保教育站，映入眼簾的是一片草木蒼翠，慈濟LOGO綠意盎然，花草木架涼亭上垂覆著綠色藤蔓。

園內入口處設有六度波羅蜜小徑，每一度有不一樣的景觀，地上舖設黑色石頭，經由「布施」、「持戒」、「忍辱」，石頭也由黑色轉灰漸而轉白，象徵污濁紛亂的人心，經過「忍辱」一步一步到「精進」、「禪定」、「智慧」，回歸清淨無染本色。

志工動員人力，將廢棄多年的造紙工廠木造屋舍拆除腐壞牆板，保留樑柱再使用，變成淨化大地的資源回收環保站。（圖片提供／吳漢文）

六度波羅蜜的盡頭是日治時代留下來的防空洞，提供一個深具歷史意義的教材，讓未曾經歷戰爭的世代認識過往歷史。

防空洞旁設計自然生態蓮花池，池上有座木橋，襯托著觀景臺。池中游動著諸羅樹蛙、蝌蚪和小魚，讓來參訪的小朋友流連忘返。

學子進入佛堂後，螢幕上播放的影片，述說著氣候變遷下，人類居住的地球正遭受滅絕危機……，提醒人們珍惜地球資源。

走出佛堂，靜態課程外另

有動態實作，學子們走過觀景區與鐵材、硬塑膠、衣服、紙類等回收儲放區，踩在他們腳下的，是從老舊建築拆下、至少有七十年歷史的地磚。

接著來到分類區，考驗著學子們究竟吸收了多少環保知識。志工們熱情介紹：「這些回收物混在一起是垃圾，但是把它們分類來回收，就可變成黃金呦！」只見學子們紛紛起身尋寶，在成堆物件中找出玻璃瓶、鐵鋁罐、塑膠料等各種不同材質的回收物，投入正確的回收桶中。

無毒農場處處新奇

動手實作完的學子們，繼續進入「大愛農場」巡禮。大愛農場土地貧瘠，志工不使用化學肥料、農藥，而是利用果皮、樹葉、菜葉做有機堆肥，由嘉義市政府提供酵素菌種，製作出的酵素不僅改善土壤，還曾分享提供給慈濟三義茶園使用。

為了灌溉田地，志工修補了兩個回收而來的破損水塔，並透過雨水回

志工以熱忱之心歡迎崇文國小師生共106人參訪嘉義園區，並以〈天地好像大課堂〉手語團康帶動，在音樂聲中氣氛溫馨歡愉。（攝影／王翠雲）

收槽收集雨水，做為大愛農場澆灌、沖廁雜水、洗滌寶特瓶等用途。

農場中處處新鮮，學子們好奇地問：「這是什麼菜？」「那是什麼花呀？」農場邊更突然傳來「咯！咯！」的叫聲，「哇，有一隻鵝！」小朋友圍繞著鵝七嘴八舌，原來是有善心人在路邊發現這隻受傷的鵝，治療後送來此處放養。

半日的戶外教學，讓來自都市的參訪學生懂得如何友善大地及愛護動物，師生都收穫滿滿；

口耳相傳，來參訪的學校也越來越多。

建設環保教育站，都是以儘量節省經費作規劃。吳漢文舉例：「有位企業家捐出一輛開了二十年的中古車，我們又珍惜使用了將近十年才報廢。」園區所有建設花費都由志工捐款贊助，吳漢文並定下一個默契，個人捐款金額至多不超過一千元，讓更多人能來布施積福。

環保站守護受苦的人

「愛地球，土地平安，人才會平安。」本著這個信念，環保站也守護著許多想再重新生活的人，包括家暴者、被家暴者、與患憂鬱症的民眾。

精神狀況不穩定的小如（化名），夫家把她送回娘家，須上班的弟弟於是每天把她載到環保站來。環保站幫忙照顧小如，也解決了弟弟的困難。

年輕高大的陳明義（化名）很會讀書，但有語言障礙，常遭同學霸凌因而情緒失調。他來到環保站後，吳漢文提醒志工們：「多說他的優點來鼓勵他，說些『你可以做什麼』、『你很棒』之類的話語，就是儘量『優點轟炸』啦！」原本靠藥物控制情緒的他，到現在已不用吃藥，還可以到市場幫爸媽做生意。

除了讓大家來做環保，環保站更積極地走入每個人心中，為他們排憂解鬱。

上人曾說，「把一些社區的老人家帶到環保站做環保，不要把他們送到養老院。」每天一大早，環保站裡熱鬧滾滾，每人依據自己的經驗與體力去付出，有的折報紙、拆解錄音帶、做資源分類，或是做香積[2]（準備餐點），大家各司其職，忙得不亦樂乎。來到環保站的老人年齡從六十到八十歲不等，光是長者就有二、三十位。

「每天醒來想到要來這裡，心裡就很高興！」

2 香積志工，指慈濟活動或賑災行動中，負責供應餐食的志工，典出《維摩詰經．香積佛品第十》。資料來源：《拾福》（環保三十周年：中區慈濟志工口述歷史），林秀鳳等口述，魏玉縣等整理。

「星期日沒來，就覺得這天的日子很漫長。」（星期日為環保站公休日）

寶特瓶區的四寶：葉桂花、黃阿嫌、盧彩娥、陳阿雪四位阿嬤，手中忙著整理寶特瓶，口中不停地閒聊著；她們來自不同家庭，每天相偕來到寶特瓶區付出，持續二十幾年了，彼此情誼深厚。

園區環保站每月收集二萬五千至三萬支寶特瓶，都經過她們的手拆瓶蓋、割除瓶蓋環、並詳細記錄數量，當作自己的事業來經營，「從電視上看到國際救災的毛毯，也有經過我的手，就感覺很有成就感。」阿嬤臉上綻放燦爛的笑容。

「在這比務農輕鬆，又有伴越做越歡喜，身體越健康。」黃阿嫌講述二〇一五年上人來到環保站，當時驚喜不已，「牽到真正會動的師父的手，還得到上人的祝福！」黃阿嫌跟上人說她的名字非常俗氣，不得人緣，上人卻回應，「嫌，是做事都沒人嫌。」讓她重拾信心。

人稱「先生嬤」的盧彩娥，兒子是慈濟人醫會北區醫師，「做環保心情好，本來我有心臟、心律不整的毛病，現在也好了。」「自己身體要顧好，不要給子女製造麻煩，身體顧乎勇，子孫就放心。（臺語）」這群環保菩薩老而彌堅，長年累月默默疼惜大地，真誠付出。

環保站結合長照延緩失智

二〇一七年，大林慈濟醫院失智症中心在慈濟嘉義志業園區環保教育站開辦「記憶保養班」，提供全方位的醫療社區服務，有效延緩失智或提早接受治療。

現今在長照二・〇的政策下，「記憶保養班」於二〇一九年改制為「醫事C級巷弄長照站」，推動失智共同照護及社區照顧關懷據點的經營，成為提供更多長者、家屬身心安頓的所在。

每週一次，上半天課程，志工先為長輩量血壓、簽到，並熱心招呼問好；關懷陪伴學員及輔導家屬如何與家中長者互動，讓長者活化記憶，舒解家屬照顧的壓力。

蔡欣樺的妻子王美容五年前罹患乳癌，導致憂鬱症；蔡欣樺照顧到難以喘息，家庭氣氛低迷。二〇一八年開始他陪妻子來上課，原本怕生、抗拒的王美容，在志工愛的關懷與陪伴下，逐漸轉變。

每週一王美容總是提早到，會自動地把課桌椅擦拭乾淨，遊戲活動中也很有精神地參與，展現自信。「愛是良藥」，讓王美容延緩失智，並重建人際關係；蔡欣樺心裡有滿滿的感恩，家庭也重拾歡笑。

原本管理環保站大小事的吳漢

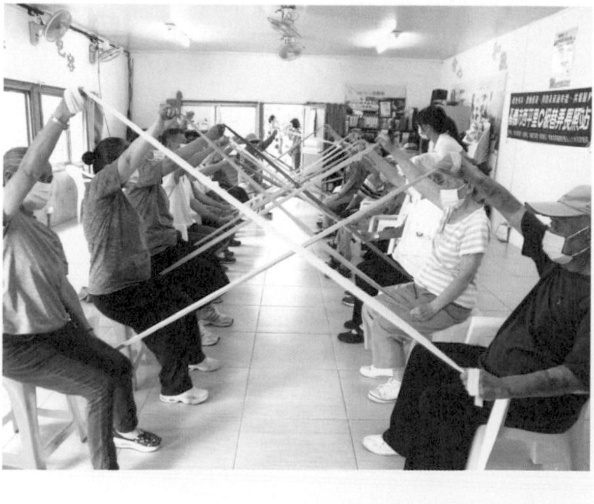

醫事C級巷弄長照站為社區長者提供多元化課程，預防及延緩失智症。大家搭配彈力帶一起做伸展操，放鬆筋骨、增加活動力。（攝影／王翠雲）

文，二〇一三年交由鄭繼成接手，一年後再轉交陳昭宗接棒。

夫唱婦隨投身環保站

陳昭宗和妻子余慧華一同從事土水工程，四十五歲那年得了網球肘等職業病，手腳疼痛無法使力。陳昭宗驚覺健康亮起紅燈，心想是該轉換人生跑道了。

二〇一一年，陳昭宗來到環保站。當初園區是克難建設，正好運用他的專才修繕屋簷、佛堂水泥地、重建廚房、修補生態池漏水等，解決園區種種疑難雜症。

自己做得歡喜，可有潔癖的妻子卻邀不來環保站，讓他心中苦惱！後來丈人往生，陳昭宗全程陪著余慧華守靈到告別式結束，妻子感動在心，便答應先生同來環保站。

夫妻倆全心投入整理塑膠袋，油膩又髒的塑膠袋要分色、分材質，不好處理；另有一區是各區環保站將沒有分類的塑膠袋載來堆放，塞滿整間倉庫。

陳年封閉的塑膠袋一經翻開，散發刺鼻惡臭，小蟲蠕動，引得余慧華驚叫。陳昭宗拿起工具夾走小蟲：「這些塑膠袋不處理就是送進焚化爐，焚燒中產生有毒氣體，對我們人體不利。」安住妻子的心，倆人合力清理了將近三個月，終於清空。一座塑膠袋山被夷為空地，也鍛鍊出余慧華不再怕髒。

陳昭宗二〇一四年接任環保站站長，從而理解上人的話：「福從做中得歡喜，慧從善解得自在。」自己做環保很容易，是造「福」；和眾人融洽相處一起回收不容易，是增長「慧」。

性急的余慧華，當別人說出不中聽的話馬上生氣反彈，面對人我是非，常起無明煩惱心。而今在團體中磨鍊心性，她已能放下身段、口說好話，一心將事情做好、做圓滿！陳昭宗不僅身體力行，也引領妻子體會「福慧雙修」的意涵。

日治時代留下來的防空洞，提供一個深具歷史意義的教材，讓未曾經歷戰爭的世代認識過往歷史。（攝影／王翠雲）

嘉義志業園區環保教育站做環保之外，更發揮教育功能，從小扎根落實環境教育，讓正確的觀念深植孩子們的心中，並實際運用在日常生活中，進而改善逐漸惡化的大環境。

共啟資收關懷　慈善與環保兼顧

國華環保站

國華環保站位於嘉義市西區撫順三街，占地一百多坪。二〇一〇年四月二十四日啟用迄今，每週三是大型回收分類日，週六是惜福屋義賣日，平日也會有三、四位志工來分類或修理電風扇、電器物品等。

二〇二〇年環保站開始與嘉義市環境保護局合作「資收關懷計畫」，替市政府回收關懷戶的回收資源物並登錄數量，更於六月成立「廚藝教室」健康蔬食教學區。

一念初心做回收

劉旦是國華環保站草創志工之一，做環保逾二十年。二〇〇〇年劉旦發現住家附近的小原餐廳有許多回收物，餐廳是林佩蓉家開的。

「師姊，你家後方空地，可以讓我做回收嗎？」「好啊，妳去搭棚子。」

劉旦就自掏腰包，搭個簡陋棚子，開啟回收點，當時稱為「新制回收」，就是定時定點資源回收，在社區或者學校中設置行動回收架，每週定期由志工們進行分類與清潔整理等細部工作，再統一送到集儲區存放。當時，劉旦將回

國華環保站原房子曾遭火吻，荒廢多年，此為借用前原狀。（圖片提供／劉旦）

年關將近，回收量增多，環保志工埋頭、手不停歇地整理資源回收物。（攝影／林家芸）

收物送到嘉義聯絡處。

「各位鄉親大家好，今天是環保回收日，厝裡有回收的東西請拿出來據點回收。」劉旦利用家裏空地設置資源回收點，而她的先生蘇建霖則土法煉鋼，在自家貨車上裝廣播器在街頭巷口宣導、提醒，且很有耐心地向鄰里一一解釋，傳達愛護地球的觀念，攜手落實「清淨在源頭」，從家家戶戶做起，不讓資源落地變成垃圾，實質減少資源與能源的浪費。

愛護地球的心　大家一樣

晚上劉旦外出做回收，常忙到十一、二點；先生不捨她的勞累，就開著自家貨車，協助運送回收物到嘉義聯絡處。

有一次，她先生有事無法載運，隔日劉旦去看，發現回收物竟然全部不見了；她慌張地以為遭不肖人士順手牽羊，一問之下，原來是環保幹事人稱「火車師兄」鍾易佑，一早三點多就載走了。劉旦不禁會心一笑，「原來志工愛護地球的心，是一樣的。」

眼看劉旦處理車子問題忙到焦頭爛額，鍾易佑更無償贈送私人的中古貨車，及提供許多籃子、袋子、搬運推車等設備，鼓勵劉旦。

後來楊連成、盧童意婷漸漸加入幫忙，童意婷還自掏腰包購車專載回收物。

博愛回收點　完成階段性任務

新制環保點分散各地，有時不方便即時分類，劉旦希望有個地方凝聚大家的力量共同分類。二〇〇三年，黃慎脩住家旁邊有家工廠屋主搬離許久，經引薦徵得屋主同意無償借用，在湖邊里設立「博愛環保站」。

劉旦煮食點心來此分享，以食輪轉法輪，自嘲，「黑頭髮做到白頭髮，錢遺失會不捨，布施就捨得。」她逢人說好話、以押韻的四句聯祝福，吸引更多人來此，各個身心輕快安適，落實身心環保。

每回分類完，服務於幼稚園的吳莉蓉就會帶動團康熱絡氣氛，凝聚大家的向心力。那時招募了許多會員及志工，後來多人受證為慈誠委員，而由劉旦自己帶出來的受證慈誠委員將近二十位，各個是環保站的靈魂人物；每回有大型活動舉辦，更召集一、二輛遊覽車的會眾參加。

二〇〇八年土地因政府徵收，博愛環保站才停止運作；時值鄰近嘉義市博愛路的「嘉義志業園區環保教育站」剛成立，所有回收資源便轉運此地。

佛法轉心境　心靜人開朗

盧童意婷從年輕時就跟先生在市場賣魚，魚重新鮮度，今天進貨要當天售完，每日過著緊張忙碌的生活。十幾年前，二兒子二十二歲就因車禍往生，留下一個讀幼稚園、及一個剛學走路的孫子，媳婦又離家出走，她得負起照顧責任。

長期累積下來的情緒抑鬱，加上身體健康出問題，使她對人生充滿無力感。她在道場誦經班認識了劉旦，劉旦帶了一群志工幫她打掃，時常煮食關心；慈濟人的熱情，也感動了她嫁到國外的女兒，特地從海外回來陪伴三個月。

「吃苦了苦，苦盡甘來。遇到事要面對，感恩劉旦的牽引，讓我做得歡喜，身體健康。」自從接觸環保，學著把心靜下來，盧童意婷自覺更有勇氣重新面對人生。體會到生命無常，她將賣魚的生意收起來，更換新車延續做環保，學會放下了，心情也越加開朗。

「人生最快樂就是做你想做的事，多結善緣。」每當心情起煩惱時，意婷就在自家門口清洗回收物，讓路過的人了解廢棄物回收之前要清洗乾淨。她這樣也結了許多好緣，深深體會什麼是「走入人群」，且每個當下都是學習慈悲喜捨的道場。

眾人協力　成立國華環保站

雖然沒了博愛環保站，劉旦的環保路不曾停歇。在市場賣菜的陳黃春香深受感動，主動表示，她有一間空房可無償借用，成立「國華環保站」。

房子荒廢多年，前面庭院曾設工廠，劉旦請兒子開自家怪手車，耗了七、八天剷平一根根厚水泥柱子，整為一片空地。

劉旦回憶，當初為了鋪地面水泥地，做到太陽已下山，還摸黑進行鋪設；硬體設備則利用回收物重新裁切、刨光、上漆整修再利用。

黃金環營養師（左一）熱心詳細說明五大類食物的營養，且吃素也可以追求均衡的營養。（攝影／鄭舜銘）

協力組長潘美玉及副組長吳美月細心規劃，凝聚三十幾位受證慈誠、委員們的共識，並結合三十多位社區志工、環保志工們出錢出力用心投入，國華環保站在克難中成立，於二〇一〇年四月二十四日正式啟用。

站內回收物中有衣服、家庭用品、電器用品、字畫、佛像……等可用物資，志工整理歸類後，實踐惜福再造福，設「惜福屋」與需要的人結緣。

證嚴上人叮嚀大家把握好因緣，多接引人間菩薩，「每一個慈濟社區道場，都是慈濟人的大家庭，大家要用照顧自己家的心情投入，並且像對待親人一樣地關懷、招呼法親，讓這裏成為菩薩招生的大道場，也是成就功德的道場。」

國華環保站沿用鍾易佑贈送的中古車，因為老舊常需修理，大家商議集資，於二〇一九年更換一臺新中古車；成立之初屋頂沿用瓦片，每逢下雨就漏水，二〇二〇年十月重新翻蓋鐵皮屋，地面也重新鋪設。

國華環保站的環境，在簡陋搭建中逐步改善。除了回收分類，環保站同時是薰法香、聯誼、人間菩薩招生共修道場，也是淨化大地的福田居，更是健康蔬食的教學區。

二〇二〇年六月環保站成立「廚藝教室」，每週六下午由專人現場示範教學，讓大家學得美味蔬食料理帶回家與家人分享。和氣組長蔡瑞玲表示，「一個人要吃素很簡單，但來這裡可學習煮出好吃的蔬食料理，從家庭餐桌上慢慢減少葷食，增加素食，進而帶動家人茹素。」

中年轉業　雞肉飯變豆花

莊聰敏、李梅英夫妻原從事雞肉飯營生，倆人由「心聞法、葷轉素」，並體認到「對的事，做就對了。」

作回收之後，他們發現回收物中有八、九成是新的、甚至未拆封，才了解「想要」與「需要」之區別，也是上人要弟子「做中學、學中覺、覺中悟」的道理，從此更能知足、簡樸地過生活。

進入慈濟聞法後，當莊聰敏夫婦煮雞肉時，便想起上人所說的眾生平等，因而啟發悲心，開始茹素，並萌生轉行念頭。

中年轉行，談何容易？剛好看到大愛電視的節目中志工陳福地教人做豆花，夫妻倆便與他聯絡，陳福地師兄還親自從臺北內湖到嘉義來教他們。

就這樣，莊聰敏、李梅英結束經營了二十七年的自助餐便當，改賣豆花；期間收入驟減，卻仍以勇氣、毅力堅持做對的事，不再賣葷食，求得輕安自在。

親切的廖斐儀藥師（中間站立者）諄諄提醒鄉親菩薩正確用藥的五大核心觀念、和用藥安全的五不原則。（攝影／鄭舜銘）

為鼓勵更多人茹素，環保站開設廚藝媽媽教室，學習烹煮蔬食並聆聽健康講座。圖為黃麗玲示範銀髮族之寶「醬燒黃金豆腐」。（攝影／劉麗美）

小人物也可行大善

慈濟的環保志工多數是來自社會各階層的小人物，八十高齡的陳金雀擁有縫紉專長、卻不願空度時日，以環保及上人的法保護大地，也清淨自己的心。

「一樣是人，為何我比別人歹命？」生長在重男輕女家庭的金雀，出生不久出養，因常生病被送回原生家庭；娘家開布行，因而學會縫紉專長。婚後，先生生前有家暴、酗酒、賭博等惡習，生三胎，只存活一女。先生賺錢分文未拿回家，她只能獨力撫養女兒。

痛苦之餘，她寄託宗教。某日，她收看大愛電視看到國際間受苦難的人，心想世上竟有比自己悲苦的人，頓時感覺自己很幸福。

「上人以瘦弱的身子救全世界苦難的人，我與上人同歲數，我算什麼？」加入慈濟功德會會員後，她受上人的精神感化，也憶起自己一生命運多舛，過程幸有貴人扶助，所以同理苦難中人，立願做利益人群的事。

做環保是她的最愛，陳金雀最期待週三到來，也隨著環保站從博愛環保站、到園區環保站、再到至今離家最近的「國華環保站」，一路相隨。

做環保身體好　沒煩惱

「早啊！」一聲聲道早問好縈繞在國華環保站，一張張臉孔無論老少，都展現著同樣的燦爛笑容。

陳忠元早年罹患職業病，但在環保站深受感動，決定投入志工行列。

今年七十歲的志工陳忠元，是站上少數會開環保車的。只見走路一跛一跛的他，熟練地拿起刀片切斷寶特瓶蓋環，數一數數量，將收集完一袋袋的寶特瓶，俐落地悉心搬到車上，開往園區環保站集中區放置。

陳忠元四十歲時因職業病換人工髖關節，四、五年後斷裂，十幾年後又發病感染發炎，傷口潰爛，「嘉義市的一些大醫院都去過了，找不出病因，都是止痛打針，最後女兒建議到大林慈濟醫院找劉耿彰醫師。」也因延誤錯失治療黃金時期，導致腿部肌肉萎縮，形成長短腳。如今他開車時必須脫鞋，才能控制油門、煞車。

剛到環保站時，陳忠元的腳還沒恢復得很好；如今對他來說，做環保就是最好的復健。

慈濟透過人間菩薩所行，勇於承擔與啟發人人本具的愛心，吟詠出許多動人的大愛故事。

攝影／施哲富

海

縝密規劃　打造汪洋中的堡壘

布袋環保教育站

從嘉義市到布袋鎮的直線距離，有三十一公里。布袋地區的第一位慈濟志工蔡琬雯出生在布袋鎮，單身的她，沒有婚姻家庭的牽絆，又剛巧在布袋鎮公所上班，就向鎮公所借用了兩個停車棚開始做環保，利用下班後的時間來整理回收物。

蔡琬雯並接引了蔡素惠、蔡幸月二人一同做回收，人稱「三劍客」，回收達到有一輛車的回收量後，就會請嘉義區的志工來載。

做環保開啟善因緣

因罹患小兒麻痺雙腳萎縮，坐輪椅的蔡淑齊從小自卑、見到陌生人就躲起來，原本和母親同住一起，後來母親往生就獨自一人居住。蔡淑齊的三姊和蔡琬雯是同事，因此蔡琬雯常去關懷鼓勵，讓她逐漸敞開心房。

以往常在電視或慈濟月刊上看到慈濟人行善，雖心生嚮往，但活到三十歲從未出過遠門的蔡淑齊認為：「做好事我不可能啦！」只能將心願偷藏心裡。當蔡幸月邀約她去做環保時，她毫不考慮地答應，但心中仍是怕怕的，「去到回收場我能做些什麼？」蔡幸月鼓勵她說：「妳可以幫忙摺疊報紙啊！」「這個簡單，我會！」

蔡幸月、蔡琬雯會輪流到家裡來載蔡淑齊去做環保，剛開始是在地上鋪厚紙板，讓她坐在地上摺報紙，後來有人訂做有輪子可移動的椅子給她坐，讓她漸漸可做更多種的分類。

就這樣，開啟蔡淑齊入善門的路，她感恩慈濟人將她「化腐朽為神

布袋是地層嚴重下陷區，2015年1月施哲富（右一）帶著志工去現場勘查。（攝影／施哲富）

奇！」她從小關在家中，不敢想能像正常人一樣規劃人生的未來，但如今她的夢想實現，也能走出來為這社會做些事。她從回收做起慢慢調整心態、了解惜福愛物，懂得分辨「需要」還是「想要」，也發覺人有無窮的願力，只要肯付出，無論力量有多大，都能盡一份力。

環保站的紙類、藏污納垢的瓶瓶罐罐嘩啦啦地堆疊在她眼前，經她雙手使力壓扁、分類，逐一裝袋。蔡淑齊缺憾的人生，從中被愛所填滿。如今，她依舊勤勞認分地過生活，只不過在那雙做慣粗活的手中，已然開展自己生命的象限，編織著屬於自己的幸福。她慶幸自己找到再活下去的人生方向，也於二〇一三年受證委員。

由於左鄰右舍反對，需搬遷回收點。蔡素惠請老闆蔡崇文協助洽詢承租國有地的大布袋大賣場董事長，借用臨近的一塊地。後來大布袋大賣場的董事長沒再繼續承租國有地，蔡琬雯又開始煩惱找尋做環保的地點。

一路走來，就是沒有一塊真正屬於布袋的環保回收站。某日蔡琬雯無意中和施哲富提起，沒想到他一言承擔，「免煩惱，我爸決定將一塊九百五十一坪的地過戶給我，我要提供無償借用做環保回收站。」

面對磨難歷鍊心志

布袋環保站預定地，原是一片荒蕪，二〇一五年一月施哲富帶著志工去現場勘查；同年八月開始施工。布袋是地層嚴重下陷區，環保站地勢低窪，每逢下雨必成小湖泊。志工先進行填土，合計三百多車次，填土一百三十公分高；同年十月擋土牆基礎開挖，從填土到擋土牆就用了一年多的時間。

二〇一六年四月聘請有專業建築背景的志工來協助搭建佛堂，工人做了一半的工程突然不做了，施哲富背負龐大壓力，夜不成眠；十一月，黃春雄用自己的貨車和弟弟幫忙運送一百張鐵網，合力完成佛堂及分類區地板鋪網。

從事建築業的黃春雄，家住中埔鄉，但因為嘉義合心環保幹事萬菊紅的一句話：「請你協助施哲富！」他馬上承諾協助興建環保站。只要有空，他一定從中埔的山區驅車來到海邊的布袋鎮，有時甚至放下手邊的工作來幫忙。

黃春雄的出現，對施哲富來說猶如救星降臨；黃春雄看到施哲富的付出，也心生感動，一種「英雄惜英雄」的心情油然而生，讓黃春雄決定一路相助。

二〇一七年五月開始鋪連鎖磚，參與志工有六、七十人，雨水夾雜著汗水，大夥兒發揮「螞蟻雄兵」的精神協力鋪設，費時三個月，才將五萬五千塊連鎖磚整理完成。

嘉義縣義竹鄉志工洪振興從事園藝，因此施哲富請他協助環保站的綠化工作。八月洪振興指導志工鋪設草皮，細心地裁切草皮植入連鎖磚空心的部份，共鋪設一百坪；洪振興還去竹崎鄉移植樹木，共運回二十棵一人高的羅漢松，綠化環保站。

環保站地勢低窪，每逢下雨必成小湖泊。志工先進行填土，合計300多車次，填土130公分高。（攝影／施哲富）

無限感恩在心頭

興建的過程中，更是困難重重。由於經費不足，許多志工發心護持、義賣等，連續二年接近年節時，施哲富夫婦日夜趕工義賣八千多個燈籠吊飾，邊賣衣服邊做燈籠，往往只睡四個小時，手也因製作時須在高溫下穿線而起水泡。

疲累之餘施哲富曾夢見證嚴上人，當上人輕輕一句：「壓力很大厚？」他一陣鼻酸，彷彿是在傾洩心中無限壓力般、瞬間放聲大哭。上人又問道：「那你還要不要再做下去？」夢中的他不加思索堅定地回答：「我一定會把這個環保站完成。」這是他的心願，再苦再累都要克服，因為這是他對上人的承諾。

靜思語：「有願就有力，能做就是福。」因此施哲富自期：「只要是對的事，都會全力以赴去完成。」幸而他有位賢內助蔡玲玲，夫妻倆清晨到菜市場擺攤經營服裝生意，不論如何辛苦，她從無怨言，一路相挺。

雨水夾雜著汗水，志工們發揮「螞蟻雄兵」的精神協力鋪設連鎖磚，費時3個月，才將5萬5千塊連鎖磚鋪設完成。（攝影／施哲富）

二〇一八年一月六日是布袋環保教育站啟用的日子，當日細雨濛濛，仍不減大家歡慶心情；慈濟志工二百多人，更是一早六點開始朝山祈福，彷彿有龍天護法灑淨水一般，為大眾護持，祈求天下無災無難。

施哲富準備了環保站三年多來的回顧影片，記錄著所有志工對這片九百五十一坪土地建設的過程，一幕幕地呈現大家同心協力的成果。活動中笑得合不攏嘴的是施哲富的父親施枝楠，他說：「毋論透風落雨攏這麼多人

布袋地區第一位慈濟志工蔡琬雯，穿上護腰一同來鋪設連鎖磚，以身示範，帶領大家向前精進不懈怠。（攝影／蕭智嘉）

來（臺語）」，讓他好感動。

布袋鎮陳鳳梅鎮長特地前來，為歷時三年多完工的布袋環保教育站啟用揭牌。這塊地以前是每逢下雨就淹水，也是一塊廢棄之地，經由志工大家齊心協力，從一磚一瓦建設成一個兼具教育功能的環保站，陳鳳梅鎮長深表認同。

汪洋中的堡壘

「整個布袋鎮東港里幾乎都淹水了，只有布袋環保站沒有淹！」二〇一八年八月二十三日的熱帶氣旋豪雨，造成布袋鎮嚴重淹水，全鎮二十三個里在短短幾小時內淪為水鄉澤國，其中東港里最深淹至一百公分高，整個社區汪洋一片。

而一月才啟用的布袋環保站正位於東港里，離溢堤的東港大排僅有一百公尺距離。暗夜裡，湍急的大水滾滾而來，急速水流經過環保站旁，毫不留情地流竄到民宅住家，東港里水淹了三天；而環保站除了雨水外，連一滴外面的水都沒有進來，放眼望去，宛如屹立在汪洋中的一座堡壘。避過這次大水侵襲的布袋環保站，也作為國軍救災官兵休息整補的據點，這並非僥倖得來的奇蹟，而是出自建設前極度縝密的規劃，而其中的靈魂人物，便是毫無土木專業的施哲富。

他考慮到布袋地區本身就易淹水，為長遠計，他與黃春雄討論後，就自行衡量出一套填土高度數據；也考慮到填土前首要興建擋土牆，以預防大雨沖刷造成土壤流失。

當初設計布袋環保站內的高度，是以外面的防汛道路中心高度為基準，連鎖磚的高度要高於馬路十五公分，站內周圍的擋土牆再高於連鎖磚十五至二十公分，佛堂需再高於擋土牆二十公分。因此當時填土高度含連鎖磚共計約一百五十公分，就算站內連鎖磚的部份有進水，佛堂也不會進水。

接引菩薩　以愛相伴

只要有時間一定會到環保站報到的秦雪英，遠從大陸桂林嫁來臺灣二十年。這些年來她沒有朋友，心中寂寞，每天都是在工作與家庭中忙碌。接觸慈濟志工後，她的心開始感覺溫暖，尤其開始有布袋環保站的建設後，讓她除了工作及家庭，另有一個心靈的歸依處。

聊到環保站的一草一木，望著從嫩芽開始長成的蔬菜，秦雪英心中的喜悅溢於言表，每天都會來環保站澆水除草從不間斷，這裡彷彿就是她的娘家一般。

布袋環保站啟用，歡喜慶賀圓滿落成。各界嘉賓、志工拉著紅色布條，一起為環保教育站啟用揭牌。（攝影／蕭智嘉）

鋪連鎖磚時，從事居服員的她，安排時間一早六點就先來除草，再去工作，之後又回到環保站鋪設。看著環保站一點一滴地建設到完成，她也紅了眼眶：「好開心、好感動！」

以環保站為家的秦雪英，也接引了居家服務的個案鄭元達來做環保。鄭元達因工作意外，雙手僅剩三根完整手指，又遭逢相依為命的母親往生，內心痛苦。來環保站參與志工活動、薰法香後，上人的法讓他內心重回平靜，即使手指不便，也努力記下上人的法語筆記，生命再現曙光。

住在義竹鄉龍蛟村瓦窯部落的阿賢（化名）是慈濟會員，平時務農，住家離布袋環保站很近。在環保站興建期間，只要有需要任何工具（割草機、噴漆機、耕耘機等），他一定免費提供，並幫忙建設。

「〇八二三熱帶氣旋」豪雨造成水災，一個月過去了，阿賢的家園尚未復原。可能是過於勞累的緣故，他因為橫紋肌溶解症引發急性腎衰竭，被送進加護病房五天，再轉到普通病房，但仍需洗腎，期間志工關懷不斷。

面對泥濘的家園及生病的先生，阿賢太太憂心，求助於慈濟。當地義竹及布袋志工於中秋節當天下午集合於布袋環保站前往幫忙清掃，共清理出一輛環保車的廢棄物、及一輛環保車的回收物。

居家環境煥然一新，阿賢太太感恩志工，在短短一個多小時就完成家園的清理：「如果沒有慈濟志工幫忙，我一個人就算一個月也沒有辦法完成呀！」目前阿賢也已出院，全家團圓。

布袋環保站的成立，讓嘉義縣布袋鎮的慈濟人有一個屬於自己的家，
希望未來環保站的人可以越來越多，行善人間，同時圓滿自己。

化腐朽為神奇　拆彈簧床我最行

朴子環保教育站

一九九〇年秋末，家裡經營鐵工廠的劉瑪莉，邀約吳從魁及侯秀惠（當時在朴子醫院工作）一起做環保，也請會員與親朋好友一起來響應。

她開著自己工廠的貨車做回收，一開始不知道分類，收了很多垃圾，也沒有存放的回收點，直接賣給朴子市的回收商。變賣所得，每月由劉瑪莉統籌交給慈濟。

環保站的原貌是雜草叢生，幾棵大樹原本種植水果，因欠缺管理荒廢多時。（攝影／許鳳娟）

簡易克難回收點　遭火紋身

一九九六年七月賀伯颱風來襲，嘉義沿海地區淹大水，社區志工協助做熱食便當。由此因緣幾位朴子在地志工加入，尤其是外號「三仙老公標」的張國濱及同修陳紅春、張黃愻（又稱：淑惠），三人每天外出載回收，並帶動朴子蕃薯巷成為「慈濟巷」的美名。

吳從魁指出，因回收量增加，他們先跟朴子市公所借用拆遷的墓地（現在的棒球場）當回收場。志工們用簡易的鐵絲網做圍牆，卻經常遭竊，甚至經歷火劫，驚動了二輛消防車才將火撲滅。

一九九九年九二一地震後，在組長蔡麗玉號召下，大家一起集資十萬元購買了第一台朴子環保回收車。當時的朴子市長黃純真非常認同慈濟回收的理念，還贊助兩萬元共襄盛舉。

回收場發生火災後，只好再圖搬遷。劉瑪莉的同事陳圓滿住港墘，有一塊地可借用，她跟先生（李姓地主）商量借給慈濟。因先生本身也經營古物商，朴子的回收有一部份是賣給他，他一口答應。

於是三仙老公標成立港墘環保站，每天持續出門載回收並分類。港墘沒有水電，也沒有遮風避雨的地方，晚上沒電燈可用，夏天則是頂著大遮陽傘做分類，必須忍受酷熱、吹風淋雨；圍籬則是由志工用回收的彈簧床鐵網綑綁搭成，以回收的木板及鐵絲網隔出分類區。

之後因回收到一台貨櫃屋，大家有了存放回收衣物的地方。原本志工上廁所要到斜對面的地主家借用，後來才有臨時廁所可使用，但大家也不以為苦。直到李姓地主往生，他的兒子要求收回，志工們將港墘環保站清理乾淨，於二〇二〇年十二月歸還原主。

新環保站近市區　廣邀會眾

蔡佳訓於一九九五年見到證嚴上人，感覺在茫茫大海中抓到浮木，不作二想，一心跟隨上人做慈濟。她覺得港墘環保站地點偏僻，無法廣邀社區志

2018年8月23日的熱帶氣旋豪雨，造成嘉義沿海地區嚴重淹水，清潔隊載運泡過水的彈簧床前來，等待志工處理。（攝影／張小娟）

工，「朴子真的很需要一塊可以當環保站、又可讓朴子的慈濟家人一起做手語練習、或讀書、聯誼、精進共修的地方，所以我才會起心動用家裡的土地。」

她先跟先生溝通後再說服公婆，將閒置已久的空地於二〇〇七年十月無償借用做朴子環保教育站。

環保站的原貌是雜草叢生，幾棵大樹本來有種水果，因欠缺管理荒廢多時。二〇〇七年十一月他們開始整理、規劃、建設，志工合力移植樹木，清除雜草。她的公婆看見雜草叢生的土地，經過整理變得乾淨、莊嚴，人潮不斷，閒置的土地變身具有人文價值與教育意義的場所，也覺得欣喜。

環保站全都是用回收的物資來建設，他們把嘉義燈會佈置用的竹子，回收回來建造環保站圍牆；精進共修的大愛屋（佛堂），則是從臺中潭子分院將工地拆下來的組合屋載運回來。

二〇〇八年二月他們動員志工綁環保站組合屋地基鐵筋，太保鄉林世豐專業承擔土木工程，將組合屋組裝完成。為期九個月，將資源分類區及社區多功能教室一一完成。

朴子環保站分為三大區：回收分類區、花園景觀區、及志工聯誼共修處。回收分類區係依照志工載運回來的物品屬性分類，包括紙類、塑膠類、玻璃瓶……；花園景觀區具環境教育功能，設有多功能教室及佛堂。在這裡，不只做環保、護地球，心靈也同步成長，結合眾人之力聚集福氣，用疼惜大地的心，珍惜資源，以實際的行動做愛護大地的園丁。

二〇〇八年七月十九日，新的朴子環保站啟用。雖然天空灰濛濛，志工的心卻如此歡喜，還熱心地準備湯圓慶祝，祝福滿溢。

「大家的用心付出，真的令人感動！」開始整地、建設時，蘇秀琴就已參與整建工程，她覺得蔡佳訓非常有心、想讓朴子的師兄師姊有個屬於自己精進共修的場所。在建設過程中，更感受到師兄師姊大家團結一致，共同為目標努力，付出無所求的精神令她印象深刻，於是二〇〇九年她也受證了。

拆彈簧床成為環保站特色

朴子環保站成立有十三年了，回收物的價格卻逐年下滑，往往一車的回收物收入不多。環保幹事朱月桂一直想方設法要開源，也想把環保站的在地特色表現出來。

二〇一六年，臺南市白河區有一間做彈簧床的工廠，將廢棄的彈簧床墊送來環保站處理。五年下來，朴子環保站跟廠商合作，貨櫃車會把回收的床墊送來讓志工處理。

剛開始回收床墊，朱月桂以為只有兩三床，結果一輛貨櫃車開進來，瞬間就是百床以上，造成她很大的壓力及困擾，不知從哪裡下手。從人力分配、分類後的垃圾處理，到廢鐵要怎麼買賣……等問題，過程中她一路慢慢摸索。

朱月桂的用心，吸引了蔡張麗花、吳妙馥、張春美、林素芬等人的全力支援。每天下午眾人在環保站拆彈簧床，女人當作男人用，號稱「五朵花」娘子軍。

涂宗欽退休後回到故鄉朴子，照顧中風的父親；二〇一六年他因心肌梗塞住院，為了恢復健康，每天練習跑步，不到一年，他已經可以參加馬拉松了。二〇一八年社區歲末祝福時，朱月桂知道涂宗欽回到故鄉朴子，就邀請他來環保站，加入團隊，讓拆彈

報廢的彈簧床堆積如山，需要大量的志工來協助後續拆解回收工作。（攝影／張小娟）

簧床的效率，因此大大提升。

涂宗欽發揮機械長才，先把床墊第一層布割開，再使勁將釘在夾層中的椰鬃墊取出，把一排一排彈簧分開來，讓環保志工們可以輕易地把彈簧鐵拿出來，大家分工合作一起完成工作。賣彈簧鐵的收入，從此成為朴子環保站善款的最大宗來源。

參與朴子環保站、協助拆彈簧床之後，涂宗欽看到環保志工這麼認真地做環保，他自己也不禁投入，不僅生活從此有了目標，也成為環保站的重要支柱。

為了讓拆彈簧床分類過的廢棄物能夠減到最少，朱月桂希望拆掉的椰鬃墊能回收後再利用。她先請環保志工拿回自家田地試用，是否覆蓋後可抑制雜草生長，結果反應良好。於是他們把椰鬃墊放在環保站前，與社區鄉親結好緣。口耳相傳，放在外面的椰鬃墊很快就沒了。

使用除草劑，往往破壞土壤，現在使用椰鬃墊可減少使用農藥，土質不會受汙染，椰鬃墊腐爛了還能當肥料。

想方設法接引先生同行

「我可能是上人累生累世的弟子。」娘家住在嘉義市的朱月桂，二十幾歲在學校工作時，聽到慈濟志工跟校長分享慈濟，在一旁的她覺得很法喜；當時聽到嘉義聯絡處已在嘉義市彌陀路成立，朱月桂馬上趕去聯絡處，開始做環保。

結婚後居住在朴子市，參加朴子區的讀書會，開始在港墘環保站做回收分類，為了接引她先生一起走慈濟路，朱月桂想方設法，把需要拆解的電器刻意帶回家，讓不常去環保站的先生一起做。

她表示，也是擔心走慈濟路會受到家人阻礙，所以希望先生一起出來，藉由見習、培訓，

經過多年的摸索，志工從人力分配、分類後的垃圾處理，到廢鐵要怎麼買賣……等問題都整理出心得。圖中志工正專心地拆解鋪棉。（攝影／張小娟）

讓他了解、認同慈濟理念。一九九七年，她跟先生一同受證志工。

朴子環保站還在動土時，朱月桂便在心中發願，要一直承擔環保幹事不輟。她覺得做環保行動自如，時間彈性，可以善加利用自己的時間，同時讓自己的心沉靜下來，在分類回收或拆解電器當中專心一致，就會產生智慧。許多事情、煩惱，透過靜心專注，自然能萌生解決之法。

比家還重要的環保站

朱月桂想圓滿榮董，經濟的不許可讓她覺得很難；唯獨用自己的雙手做環保，增加環保站的收入護持大愛電視臺，是她的信念。近來回收所賣的價錢越來越不好，幸而靠拆解彈簧床成就許多善款。當初要做這件事時亦曾有不少反對的聲音，但遇到困難她絕不放棄，「佛心師志」，自認一旦承擔了環保幹事，就不能愧對上人、愧對自己。

「環保站比我家還要重要，在家除了吃飯睡覺外，我幾乎都把時間放在環保站。」

朱月桂指出，做環保最大的收穫，是心靈上的喜樂，有煩惱時會用智慧去解決。「能夠平順地走慈濟這條菩薩道」，是朱月桂對於自己的期許，「做到不能做、做到最後一口氣，做到圓滿，人圓、理圓，事就圓。」

六十歲才學開車

退休的王明福，負責接送媽媽來做環保。媽媽二〇一九年失智，沒辦法再到環保站，於是王明福接下媽媽的任務，「看到大家丟出來的東西，實在太多了！」他都利用媽媽睡覺時，去環保站做分類或拆彈簧床墊。

侯丁奇本身是桌球聯誼會的會長，喜歡運動、熱衷公益。在社區愛灑活動中接觸慈濟後，他發現，這就是他找尋許久的善門。利用休假，他和黃永鐘搭檔，開著慈濟資源回收車大街小巷做環保。

二〇一二年，侯丁奇從台灣糖業公司退休。有一天黃永鐘說要出國一個月，擔心車子沒人開，原本不會開車的侯丁奇，只好偷偷跑去汽車駕訓班報名，他笑稱自己：「六十歲才學開車」。

不僅如此，侯丁奇看到回收車老舊，更發願要捐回收車。他說到做到，將退休金拿出一百零一萬元（他退休金的三分之一），捐贈了一臺自動化的環保回收車，並謙虛地表示，這是他自己想做的事，「讓環保車載千千萬萬的黃金（回收物）進來，比較有意義。」

每當有廢棄床墊送進來，志工們分工合作，拆解床墊的速度，越來越快。朴子環保站，擁有拆床墊「五朵花」、捐環保車的熱心志工，還有代替母親來做環保的孝順兒子，讓這小鄉鎮的環保站格外溫馨。

外號「三仙老公標」的張國濱（前排左二）及同修陳紅春（前排左一）、張黃愢（又稱：淑惠）（前排中），三人每天外出載回收。（攝影／張小娟）

典雅白色佛堂　廣招人間菩薩

義竹環保教育站

因義竹鄉緊鄰臺南市鹽水區、新營區，長年以來，嘉義縣義竹鄉的慈濟志工就近與慈濟臺南新營志工一起活動；一直到二〇一三年十二月才落實社區，回歸嘉義區慈濟人的組織運作。

當時一起回歸嘉義的義竹志工，共有七位：邱茂榮、洪振興、翁秀妙、黃翁雪珠、蔡秀祝、李美麗、洪邱清秀，眾人落實在義竹接引社區志工，勤耕福田。

由佛門走入慈濟善門

翁秀妙回憶，當初是因資深志工陳水池的接引，一同在臺南鹽水環保教育站做環保，並參與慈濟新營共修處的活動。鹽水環保教育站距離義竹僅三公里，開車五分鐘即抵達，相較於開車到嘉義聯絡處需四十至五十分鐘車程，因此義竹志工習慣就近到鹽水活動。

陳水池的女兒和翁秀妙同為義竹鄉公所的同事，翁秀妙夫妻倆是佛教徒，二〇〇二年翁秀妙經由陳水池的女兒介紹慈濟、並認同慈濟的理念，於是成為會員開始繳交善款。

翁秀妙從一九九二年起就開始親近佛法、學習誦經，再從佛門進入慈濟。成為會員後的翁秀妙，二〇〇三年開始募款，和同事分享慈濟事。因為她的真誠，很容易募得大家的愛心，只要開口就有人願意捐款，慢慢地累積會員，最多曾募到一百多戶。

在慈濟世界裡，女人當作男人用，志工正挖掘共修教室的基礎。（攝影／邱茂榮）

男人當作超人用，志工利用九二一大地震援建的組合屋，回收牆壁、屋頂鋼樑等等可用部份，組裝共修教室鋼骨結構。（攝影／邱茂榮）

二○○七年翁秀妙受證成為慈濟委員後，更擴大參加活動，並且作訪視、做環保。受證後，她承擔精進幹事[1]，先生邱茂榮則在慈濟人文真善美功能，擔任錄影志工。

翁秀妙二○○九年承擔協力組長，第五年（二○一一年）承擔互愛組長，共有六年時間都在新營區；先生邱茂榮除了擔任慈濟人文真善美志工外，並承擔環保，排班載回收。二○一三年，夫妻倆一起回歸嘉義義竹區。

翁秀妙表示，剛回歸義竹時有些不適應，因為每區的運作模式不同，加上和社區志工不熟悉，有點不知所措，不知該從哪裡著手。後來她想，「落實社區，應該從做環保開始。」於是一開始先借用別人的三合院，將庭院做為分類場所；一段時日後，深感沒有自己的場所很不方便，於是開

1 精進幹事，為慈濟功能組的一種，負責聯繫往生助念、初一十五拜佛共修、學佛行儀等事宜。資料來源：《拾福》（環保三十周年：中區慈濟志工口述歷史），林秀鳳等口述，魏玉縣等整理。

始想方設法，讓環保站能永續地建立起來。

一片孝心成立環保站

翁秀妙夫妻覺得，要落實社區，環保站是最直接的做法，不僅可以接引社區志工，又能與社區結合。義竹的志工開始尋覓土地，但始終找不到合適的地。

後來翁秀妙的婆婆往生，個性內向的公公一直窩在家裡，足不出戶。邱茂榮是他唯一在台灣的兒子，翁秀妙希望有一個讓公公「走跳」（臺語：行動）的地方，並藉由做環保陪伴公公，照顧公公。

這時邱茂榮聯想到，在義竹有一塊三分地可以捐出來做環保站，接引爸爸做環保多接觸人群，生活也能產生新的動力與目標。他們以一份孝心成立環保站，從此也讓社區長者多了一個互相陪伴的「好所在」（臺語：好地方）。

二〇一四年十二月義竹環保教育站成立後，邱爸爸只要是環保日（每週六）就會到環保站拆除寶特瓶蓋子；邱爸爸的家也設有環保點，左鄰右舍都會把回收物送過來，這是他每天最高興的事，因為大家都會稱讚他：「做好事，菩薩會保佑您喔！」讓邱爸爸覺得格外有成就感。

齊心完成環保城

義竹環保教育站從二〇一四年二月開始整地，同年三月邱茂榮帶領一群志工到路程約二小時的嘉義縣阿里山鄉樂

志工整理從雲林北港保齡球館回收回來的地板，擦拭乾淨將其鋪設為共修教室的地板。（攝影／邱茂榮）

野村，拆九二一大地震援建的組合屋回來，回收牆壁、屋頂鋼樑等等可用的部份，由鐵工廠老闆詹清朗指導志工從小螺絲開始一一拆解，危險且有重量的樑柱，由詹清朗小心謹慎地放置地面，再請卡車吊上車，由邱茂榮跟車運回環保站使用。

同年四月，擁有園藝專業背景的洪振興帶領志工，去太保環保站運回十二棵茄苳樹美化景觀。洪振興指導志工先行挖洞斷根，楊明田買來保鮮膜包裹著，太保志工動作敏捷地請來挖土機、吊卡車等，一路平安回到環保站，當天傍晚挖土機已在環保站待命，由洪振興及邱茂榮規劃位置。家住中埔鄉、擁有農場及農業技術的陳錫卿，也特地前來關心指導。

五月十六日，詹清朗與他兒子來義竹切割組合屋所需的長度與樑柱；五月十九日，詹清朗與周倖如做基地定位與劃線；五月二十日，志工自行挖共修教室的地基基礎。義竹環保教育站所有的地基菱形網，全數由在高雄從事菱形網事業、邱茂榮的大姊邱淑娥為成就弟弟善行而捐贈。

十一月一日，動員四十六位志工齊力鋪連鎖磚，用心用愛共同打造慈濟人的家園；十一月二十三日，志工鋪達一百二十坪草地，經鋪設草皮美化後，環保站變成一片綠意盎然。

義竹環保教育站從工地動土、興建到啟用，從無到有歷時十個月。二〇一四年十二月二十日清晨，環保站朝山、正式啟用。

溫馨典雅的白色佛堂

「好美！眼前是一片綠油油的草地，草地上還有一座白色醒目的組合屋，加上咖啡色的窗櫓，真亮眼！」眾人驚歎。

來到義竹環保站，首先映入眼簾的，是車道左邊兩排高聳的茄苳樹，接著來到一百二十坪綠油油的草地，生氣盎然。

一座白色組合屋，有著咖啡色的窗櫓，如此典雅的佛堂座落在環保站的中央，簡單而樸質。佛堂供佛桌是以黑檀木為主，格外吸引人們的目光，黑檀色澤及紋路搭配白色佛像，越加顯得典雅與莊嚴；前桌來自回收

一片綠油油的草地，草地上還有一座白色醒目的組合屋，加上咖啡色的窗檐，賞心悅目。（攝影／陳俊廷）

的古檜木，鋪上深藍色桌巾，亦帶給人心一股安定的力量。

架上擺放著證嚴上人的智慧書籍，還有整潔的木質地板襯托，佛像「宇宙大覺者」則俯視著大地。佛堂內的木質地板是從結束營業的北港保齡球館拆下來的，剛好鋪滿整個佛堂，物盡其用。

自詡既非藝術家、也不懂建築的翁秀妙，選擇了她最鍾愛的純白色系作為建築主色調，採用咖啡色窗檐，則是來自日式建築的靈感。她心目中的環保站要具備教育功能，因此外觀呈現非常重要，建築的外貌要能吸引人，才能讓人想踏進來，進一步了解它背後潛藏著的人文底蘊。

連線薰法香　全球科技同步

環保站不只做環保，也規劃讀書會，人人以智慧法水來提醒，讓法融入生活，透過讀書會分享交流，並善用時間讀書，開拓視野。

二〇一五年三月，環保站開始與花蓮靜思精舍連線薰法香，一夜露水滋潤大地，一小時的法水則潤澤心靈。

早上五點二十分，志工已靜心坐在佛堂前，用心聆聽上人開示晨語，「晨鐘起．薰法香」，善用科技弘法，志工每天早起與精舍師父們同步恭聽晨語，連線聞法，由雲端科技搭建起的「法華會」，突破了各種時間與空間的阻礙。

陳黎真二〇一四年參與「薰法香」，每天都很欣喜能和上人在空中相會，聽聞上人講述《妙法蓮華經》。雖然有些經文深奧難懂，但她覺得薰法香後自己更有定力，所以仍需精進學習。

她是人文真善美照相志工，有時薰法香時，睏到打瞌睡，筆記有一句、沒一句的寫著；有時天氣太冷了，真想躲在被窩裡不起來。但是想到上人曾開示：「我們是人，不要像大蟒蛇，過冬眠。」她沒有退轉，更堅持晨起薰法香，持續地聽上人開示，應用上人的法，希望法入於心、知曉做人的道理。

陳黎真說，當她在記錄環保志工的身影時，每每被志工不怕髒亂、不畏辛苦、還搶著做事的精神所感動。從鏡頭裡看到志工認真付出的模樣，每位志工彷彿背負使命般地完成每一件事，往往令陳黎真感動到流下淚水，心中敬佩。

這經驗也讓她時時提醒自己，要學習志工這種大愛無我的態度，努力把志工認真、動人的畫面拍下來，記錄留存每一位人間菩薩的美麗風景。

她最喜歡上人的法是：「心要靜、莫浮動。」如果只是做，沒有聞法，心很容易迷失，一踢到鐵板就會退失菩提心。慈濟人必須心中有佛，行中有法，「福慧雙修，走入經典」，「行」中不離經與「法」，就能人圓、事圓、理圓。

種植蔬果結好緣

環保站後方有一片占地四百坪的「開心農場」，是屬於邱茂榮與翁秀妙家私有。在他們夫妻退休後，就把這片土地分成四大部分，果樹區有酪梨、芭樂、芒果、龍眼、荔枝、及草莓等。

二〇一四年，嘉義市吳漢文又贈送十二棵澳洲茶樹。澳洲茶樹蒸餾液有驅蚊及消毒的功能，二〇二〇年Covid-19疫情爆發，他們摘採茶樹葉提煉精油，這回全派上用場了，每次活動前都可用來擦拭場地，及提供志工使用。

種菜區約有百坪，對從沒有下田經驗的他們來說，足足摸索了五年，

志工精心準備美味的素食料理接待環保志工，大家如一家人般的溫暖招呼，相招來環保站做環保，愛護地球。（攝影／施哲富）

都還在「做中學、學中覺」。倆人每天澆水、除草，堅持不使用農藥，雖然經常有蟲害，收成不佳，但多少還是有收成。蔬菜、水果採收後，他們就拿來與志工分享，敦親睦鄰、廣結好緣。

許多人想像中的環保站，又髒又臭；因此一開始翁秀妙就希望打破一般人的印象，將義竹環保教育站打造成一個乾淨清新、讓人願意親近的環保站。如此，不僅可以教育大眾，讓社區的阿公、阿嬤、或者社區成員，會樂意主動地拿回收物來環保站，社區志工也持續在增加。

此外，環保站更在社區發揮多元化的功能，不止是環保站，亦是人間菩薩招生的場地；環保志工不僅是守護大地的環保尖兵，也是實踐人間佛教的菩薩。

攝影／賴世寶

山

梅塑四娘嬤　引山泉洗塑膠袋

梅山環保教育站

「來來來！江媽媽的雞仔囝，緊來喔！」親切地打招呼，像家人一般，一九三一年出生的江林金鸞，在梅山鄉梅山禪林寺惠瑞法師的接引下，於一九八六年加入慈濟，嘉義區許多慈濟人都是經由她牽引進入慈濟。

同樣是禪林寺信徒的許杏梅，一九九三年在江林金鸞的吩咐下，共同邀約參與慈濟列車，其中四對夫妻分別是謝君弟、許杏梅、徐榮進、徐簡阿蓮、林順發、林張玉順、謝武君、謝林玉鳳。他們原本都是許杏梅的親戚朋友，回程後深受感動，便在火車上達成共識，從此開始做起環保回收，一做三十年不輟。

環保站緣起

隨著回收量越來越多，環保志工也隨之增加，於是向梅山鄉公所商借場地，但數度因土地規畫而得四處搬遷。於是江林金鸞與先生江介村、友人曾建盛，將相鄰的土地大約三百坪無償借出。

即將進駐的這塊地位於大排水溝旁，舉目只見一大片荒草竹林，志工們似乎早有默契，二話不說立即捲起袖子，開始通力合作整地、鋪水泥。二〇〇一年九月，梅山環

1 從「母雞帶小雞」的意旨演變出的稱呼，即資深志工帶領新進志工推動慈濟志業工作，而他們會彼此以「雞母」、「雞仔」互稱。資料來源：《拾福》（環保三十周年：中區慈濟志工口述歷史），林秀鳳等口述，魏玉緜等整理。

江林金鸞（白髮者）是梅山第一顆慈濟種子，元宵節時跟著志工一起搓湯圓，彼此就像是一家人。（攝影／許妙如）

保站正式落腳在這裡。一塊地是有了，但頭頂上完全沒有遮蔽物，因不敵烈日，再集資買了四支大遮陽傘；卻仍不敵風雨，志工們復又發心集資搭建了電動遮陽棚。

環保站緊鄰大排水溝旁，安全堪虞，許多設備尚未完善。二〇〇九年，恰巧當時嘉義縣政府有「社區形象改造計畫」，在潘明霞等人戮力奔走之下，梅山鄉公所清潔隊，會同嘉義縣環保局，訂定將梅山環保站改造成環保模範社區，得以有經費進行整修美化工程。

以南方松木為材，林祐本以其專業用心在每個細節上設計，更以最便宜的工資施作。在眾人同心協力之下，使得環保站更具慈濟人文之美。

當時環保站還沒有自己的回收車，多借用鄉公所的車，有諸多不便。於是許杏梅等資深志工共識欲籌款購車，消息一傳出，許多環保志工們紛紛慷慨解囊，出乎意料地三天就籌出經費了。原來大家早已把環保站當作自己的家在顧了，共同為這個家無私無求在付出。

梅塑四娘嬤，左前為李劉識，右後何陳素鑾，中前許杏梅，右一楊秀玉，四人清洗塑膠袋，合作無間。（攝影／鍾易叡）

八十而已

根據統計，全臺灣慈濟環保志工平均年齡六十五歲，而梅山環保站的志工則平均年齡八十歲。走路，對於梅山環保站的長者來說，跟呼吸一樣自然，李劉識最喜歡這樣省車錢、撿回收、賺歡喜。

「這樣走一個多鐘頭，如果邊走邊撿會更久。」起初請計程車載，但她發現，如果自己走路來，還可以沿途撿，不僅可以賺到回收物，還可以省下計程車費。就這樣，推著一部用木板釘補過的舊嬰兒車，帶一把褪色的傘，默念著「阿彌陀佛」佛號，下山上山，李劉識走了十多年。

「如果想要用什麼來裝，我腦子裏想一想就自然有東西可用，這樣我就很感恩了。」李劉識笑瞇了眼。後來年紀漸長，為了安全，李劉識遵從上人的叮嚀，把市區內的祖產建造房子，就近到環保站做分類。

「請佛祖保庇厝內大小平安順遂，國泰民安……」香煙裊裊直上雲霄，飲水思源是華人骨子裏的美德，每月初一、十五何陳素鸞都會回到山上的老家拜拜。一起打拚的丈夫病逝後，她一度陷入憂鬱，鄰居邀她出來做環保，她才走出山裡，也走出了小愛行大愛，即使要走一個多小時到環保站也不嫌

根據統計，全臺灣慈濟環保志工平均年齡六十五歲，而梅山環保站的志工則平均年齡八十歲。（攝影／黃稜淵）

苦。後來兒子體貼她，在環保站附近購屋，她樂得每天五點多就到環保站拿「第一名」。

「女兒叫我去新店玩，我說我不要去，來做環保卡贏去遊玩啊！」她用洪亮的笑聲說道：「做環保不只地球好，還能讓代代子孫好。」每一次彎腰撿拾，彷彿在向佛祖頂禮，祈求把功德回向給子孫與大地眾生。

夫妻牽手環保路

環保站歷經更迭，一路不變的是志工們一顆堅定的心，這裡有著大家的血汗與革命情感。梅山環保站現今三十多位志工中，有十對是夫妻檔，他們出雙入對，除了為家庭打拚，更為後代子孫著想，要留給子孫一顆乾淨的地球、一份菩提資產。

高齡八十九歲的林順發，縱然依了孩子們的「禁行令」，仍信守三十年前火車上的約定。「卡早都是他載我，現在換我載他。」太太林張玉順也八十四歲了，他們考慮很久，去年決定買電動車，以時速二十公里騎到環保站。「兒孫一直要我們不能再開車，有年紀了，眼睛也不太好。」再加上林順發有一耳重聽，不能再開車，於是賣掉開了三十多年的貨車，在還沒買電動車前，兩人都是走路前來。

黃來發與太太廖桂枝穿過一片片檳榔園，走半個小時來到環保站。曾經有人睥睨地對他們說：「撿那個沒什麼錢啦！」他們夫妻倆寧可聽從上人的話，不管別人冷言冷語。

年紀漸長，腿腳不如以往，他們改請計程車接送，一趟一百元。對山上的長者而言，勤儉是天生的細胞，但他們夫妻為了做環保，認為這錢花得值得也歡喜。

一開始徐榮進就用自己的貨車到處載回收，太太徐簡阿蓮也時常到環保站幫忙。他從四十六歲開始做到現在七十七歲了，當年帶著孫子到處去載回收，如今孫子也已長大成人。從當年的壯年郎，到今日鶴髮蒼蒼，他從沒想過退轉，他說：「既然說好了要做，就會一直做下去，我要做到呼吸停止的那一天！」這份愛做環保的單純心念，守志不動億百千劫。

「環保志工做得那麼辛苦，我煮給大家吃也是應該的啊！」許杏梅把志工當成家人在照顧，時常自掏腰包張羅伙食。環保站還沒有廚房的時候，她都是在自家煮好，再請女兒或是有車子的志工幫忙送到環保站，並且等大家用完，環保站都收工後，再把所有的碗筷帶回家自己洗。

許杏梅會偷偷把先生謝君弟的買酒錢，拿來買菜煮給志工們吃。後來她邀先生一起回花蓮，結果先生比自己早一步受證，夫妻倆總是一輛機車同進同出做環保。不久後，同齡的謝君弟也全心全意投入環保，愛喝的

梅山鄉盛產水果，水果套袋亦是大宗回收物，志工一一耐心處理。（攝影／德懋師父）

環保站是社區環保教育的最佳場所，小朋友體驗資源回收，將寶特瓶踩扁。（攝影／林瑞茂）

黃湯換成了茶湯，時常泡茶給志工們喝。

從此有了家人

「師兄，您來幫忙拆玻璃瓶蓋好嗎？」以母親般的溫柔聲音招呼著他，許杏梅慈祥的眼神，讓林德霖感受到未曾有過的溫暖。第一次走進梅山環保站，看到每個人都很賣力地工作、彎腰做分類，不怕汙穢臭味，認真又快樂的模樣令人神往，尤其看到八十多歲的老人家也在做，讓他深受感動。

一雙筷子一個人，一滴淚水一口

飯，孤孤單單地吃著冷涼的便當，多年來林德霖都自己照顧自己。今日和志工們圍坐在一起吃飯，彷彿一家人般的熱鬧溫馨，「這裡就好像我的家！」他內心不斷冒出這句話，忍不住流下淚來，忍不住想一直待在這裡。

林德霖曾經歷妻子不告而別、父親過世、身體病痛等煎熬，對人生心灰意冷，江林金鸞勸他，「一隻小螞蟻都要生命了，更何況是人？」並勉勵他要振作，逐漸喚起他的求生意志。

為此，林德霖也期勉自己，要把重生的力量回饋給社會，自此每天上午八時就到環保站做資源回收，如今越做心境越開朗，獲授證為慈濟環保志工，也成為梅山環保站勵志的典範。人生的方向既已找到，他從此以後的每滴淚水，都因著感恩與愛而流。

梅塑四娘嬤蔚為特色

大埔美工業區鄰近梅山，因此有大量的塑膠袋需回收分類，志工為了節省自來水費，於是接引山泉水清洗，再進行晾曬。

梅山環保教育站有個「梅塑四娘嬤[2]」團隊，專司塑膠袋回收分類。四位婆媽級的環保志工年紀最大的八十四歲，最小六十一歲，儘管年過半百，靠做環保跟長期茹素養生，個性開朗且耳聰目明、手腳敏捷。

「梅塑四娘嬤」各司其職，八十七歲的大娘嬤李劉識和七十二歲的三娘嬤何陳素鸞負責清洗塑膠袋，八十三歲的二娘嬤許杏梅與六十四歲的小娘嬤楊秀玉專職剪塑膠袋。

年紀與志工資歷最年輕的楊秀玉，因妹妹出家修行，開始為全家捐功德款。歷經幾場病痛死別的她，認同上人愛護地球的理念，把握時間做志工回饋社會。她說，剛到塑膠袋回收區時，可回收與不可回收的塑膠袋傻傻分不清，經過專業再教育後，現在一摸就知道是垃圾還是黃金。

梅山產梅子與麻竹筍，回收塑膠袋以裝有醃漬筍干為最大宗。許杏梅說，袋內往往殘存發酵的筍干水，酸度高容易傷害皮膚，她曾經不小心被酸水噴到眼睛，緊急送到診所清洗治療。所以不論剪或洗，四人都全程戴手套和口罩。

蔡政衛表示，除了氣候等不可抗拒因素外，四人總是今日事今日畢。別人午餐後就回家，她們很有默契地吃完繼續作業到下午四點才打道回府，因此每兩個月就能清理出五百公斤回收塑膠袋，賣到塑膠工廠做再造塑膠粒。

多數環保志工年紀雖大，因為做環保和人際互動，心境樂觀，活力十足。梅山環保站也於二〇一八年成立長照站，提供長輩們量血壓、衛教以及健康照護等活動，守護社區長輩們的健康，加上定期舉辦社區讀書會與晨鐘起薰法香[3]，成為社區居民的心靈安居所。

2 「梅塑四娘嬤　清七噸半塑袋」，資料來源：慈濟全球資訊網（新聞稿：張庭涵／慈濟基金會公傳處2018/04/02）

3 二〇〇八年，由臺灣慈濟大專青年聯誼會的數位成員（稱為慈青）發起「晨鐘起．薰法香」活動，慈青同學們早起收看大愛臺播出的「靜思晨語」節目，並透過網路在線上討論，上人讚歎年輕人珍惜時間聞法精進，將此活動定名為「晨鐘起．薰法香」。之後，上人也期許慈濟志工早起到社區道場（環保站）聞法精進，亦使用「晨鐘起．薰法香」廣為呼籲。資料來源：《拾福》（環保三十周年：中區慈濟志工口述歷史），林秀鳳等口述，魏玉縣等整理。

守護山城長者身心健康

竹崎環保教育站

竹崎鄉地名起源於當地多為山坡地形，且多竹林，經砍伐開墾後，遍處留存竹頭，故稱「竹頭崎」，行政區則稱竹崎鄉。

何家賜與妻子邱慎在竹崎土生土長；二〇〇四年旅居美國的五哥回臺灣，五嫂去花蓮靜思精舍參訪，再到嘉義縣大林鎮參觀佛教大林慈濟醫院，何家賜輾轉聽聞慈濟人助人的事蹟，當年即發心受證榮譽董事，且被鼓勵加入慈濟志工培訓，夫妻倆同時於二〇〇七年受證志工。

鐵道旁的環保站

二〇〇〇年八月大林慈院啟用，由唱作俱佳人稱「五嬸婆」的吳秀蜜承擔嘉義區醫療幹事，而她領軍的「五嬸婆劇團」更為馳名，積極宣導環保與健康觀念。二〇〇八年三月在吳秀蜜的鼓勵下，何家賜將位於竹崎鄉阿里山森林鐵道旁的三百多坪廢棄廠房，無償提供慈濟作為環保教育站使用，地盡其用。

竹崎環保教育站於二〇〇八年五月二十五日正式啟用，成立至今十多年，環保站的志工將一般人眼中的垃圾，不畏髒臭用心分類回收，看在何家賜眼裡，充滿

環保站前身是工廠，屋頂已殘破不堪，挖土機進入拆除整地。（攝影／林水和）

環保站位於阿里山森林鐵道旁，志工圍鐵絲網、築圍牆時，恰好碰到火車經過。（攝影／賴艷慧）

感動與敬佩；不擅言詞的他，則默默繳納環保站的水電費，表達自己的一份心意。

環保站的前身是工廠，屋頂已殘破不堪，二〇〇八年三月動工，大型機具進入整地。邱錦添擔任常駐志工及工地主任，把園區當成自己家；不論是圍鐵絲網、築圍牆、牆壁鑽孔、簡易水電及連鎖磚的鋪設等，他總是一馬當先。

蕭志誠負責資源的調度、及人力的邀請，盡心盡力。有他這個火車頭一直推動，竹崎環保站在短短二個月內快速完工，展現志工的高度合作精神。

林秋娥每天到環保站為大家準備午餐，只見她忙進忙出操勞奔波，下廚做羹湯，煮山粉圓、綠豆湯、炒米粉等，還要刷洗地板磁磚、刷洗回收流理臺、清理廢棄磚瓦、整理草皮……，處處有她付出的身影。具營造專業的先生陳芳德也伴隨她參與籌建，為環保站的建設盡了不少心力。

為環保站寫歷史

從一九九六年十月大林慈院工程動土，賴艷慧就參與記錄工作；竹崎環保教育站動工，她也主動過來全程作記錄。從二〇〇八年一直到今日，賴艷慧除了承擔環保站站長，也補位當慈濟人文真善美志工，為志工們付出的身影，留下珍貴的紀錄。

賴艷慧擁有電繡專長，自己開工作室接生意，努力為家庭工作賺錢。一九九二年經高雄姑姑接引，她第一次參觀花蓮靜思精舍，回嘉義後開始募款；一九九五年她再度參加慈濟列車，回來後參與志工共修，每週五晚上嘉義聯絡點有志工分享慈濟事，她聽聞後很感動，隨手筆記進而加入記錄團隊。

賴艷慧當時身體狀況不好，她自認是業障深重、應該多行善，即使工作再忙，也會以慈濟志業為重。目前病情已獲得控制的賴艷慧，回憶做環保的趣事特別多，像是某年她做回收分類撿到錢，竟然是五十萬元！她一時間難以置信，以為是玩具鈔，仔細一看是真鈔沒錯。後來她送交竹崎鄉鹿滿派出所，深受警方讚揚。

大林慈院關懷志工

二〇一〇年七月大林慈院社區醫療團隊，首次來到竹崎環保教育站為環保志工做健康關懷及健康問診，包括早期失智篩檢問卷。上人對於環保志工的健康很關心，希望透過專業醫生的講解，讓他們能正確用藥，平日在家持續運動維持健康。

健檢當天，有六位醫生犧牲休假來參與健康關懷。陳珠玉是最早到的社區環保菩薩，她長年在嘉義市東區嘉北國小的假日環保點付出。當天她作了針灸，也將平日身體不適的情況請教醫生。平常的健康檢查只是抽血、驗尿、測血壓，醫生沒有時間詳細解釋保健觀念；這次來，經由醫生的提醒，才了解正確的運動姿勢及拉筋動作，希望改善她脊椎側彎及長久的背痛問題。

邱胡綠帶著孫女一同前來，她住在嘉義市林森東路精忠新城，一天有五、六小時奔波在社區做回收資源。她說，到醫院

大林慈院社區醫療團隊於環保站辦理環保志工健康關懷，為志工作健康問診。（攝影／黃稜淵）

掛號看診時間就要半天的時間，加上家中年輕人都必須上班，自己常常是非到不能忍受才勉強去就醫。這次很高興有這麼多醫牛來，每個人都仔細檢查，也很有耐性聽她一一訴說病痛。

健康諮詢結束後，還有志工的戲劇表演：「一日五善」，從戲劇表演中宣導五項可減緩地球惡化速度的行動，包括吃素、省水、省電、隨身攜帶環保餐具（環保碗、筷及環保杯）、改變交通工具，儘量以步行、腳踏車或大眾交通工作代替開車，越多人參與，越能拯救地球；並以「心素食儀」活動邀請與會人們響應齋戒。

長照C據點守護健康

二〇一八年七月長照C據點成立，響應政府推動長照計畫，落實在地老化與安養，能夠「看得到、找得到、用得到」，每週一次，在週三舉辦預防及延緩失能照顧及健康固本訓練的長照課程，提供多樣化資源減輕照

長照C據點成立，落實在地老人安養，帶動長者律動。看見長者開心的笑，就是志工最大的安慰。（攝影／林秋燕）

顧者負擔。

二〇一八年，長照C據點的志工窗口陳昭娟，與大林慈院長照窗口及衛生局討論，每一季除了衛生局要求的固定課程外，也安排有專長的志工來教學書法、花道、竹編……等、或志玄文教嘉義終身學習中心的教師來教學經絡、自然養生氣功……等。學員大約二十位，每一季設計不同的課程，除了例行的健康講座、量血壓及健康問卷，讓長者們享有更多元的體驗。

長照C據點成立兩年多來，

明顯地看到長者們的進步。有位環保志工羅患帕金森氏症，因為上課有互動，肢體有運動，腦力有激盪，身體已有許多的進步。有位盧師兄因為年長，加上腸胃不適、擔憂失禁，很少外出；志工鼓勵他來上課，說明長照地點有盥洗設施，女兒也陪同來上課。課堂上熱絡的互動，讓他再現久違的笑容，後來雖因身體急速惡化而往生，卻擁有這一段溫馨的記憶。

黃玉蘭也心有所感地分享，她每次都懷著快樂的心情來上長照課，慶幸自己還可以行動自如，甚至幫忙照護長照的家人，體會不用被「長照」的喜悅。

承擔長照窗口的陳昭娟則表示，看到學員上課時心情愉悅、活動力進步了，學員間的互動熱絡，長者彼此陪伴，身體也越加健朗，就讓她感覺一切付出有了回報。

做環保重拾天倫樂

為了適應多山陡峭的地形，蔡永松和蔡林美貌開著特殊的四輪農車，在街頭巷尾穿梭，回收來的物品，再送至竹崎環保教育站。

很難想像接觸慈濟之前的蔡永松，是左手夾著香菸，右手端著酒杯，一面喀嗤、喀嗤嚼著檳榔，一面腦海裡塞滿阿拉伯數字，拼湊著一組組的賭盤號碼……。這是蔡永松過往四十年的生活日常；即便健康已經亮起了紅燈，醫生的叮嚀與提醒也從沒放在心上。

蔡林美貌守著傳統婦女的美德，在孩子個個成家立業後，走入慈濟做環保，在村莊裡撿拾回收物資，後來又作定點回收。蔡永松看在眼裡，知道太太在行善，善念在心中悄悄萌生。

有一日蔡永松喝得醉醺醺地回家，踩著零亂的腳步，手裡緊握著酒瓶，在家門口被二兒子蔡森宇撞個正著。蔡森宇動怒了，指責父親說話不算話，說不喝酒、還喝這麼多，於是嚴厲地跟父親說：「你既然無法自己戒酒，我帶你到慈濟讓上人幫你戒酒。」

或許是因緣成熟，在半醉半醒中，蔡永松一口答應要和兒子一起去培

春節時志工扮演財神爺與喜童娛樂大家，環保站一片喜氣洋洋。新年發好願，大家來做環保樂趣多。（攝影／黃稜淵）

訓上課；但識字不多的他，擔心無法完成課程，這時媳婦林逸嫻聽到十分高興，馬上對公公允諾要陪他一起上課。就這樣，在兒子和媳婦的陪伴下，一家三口報名了見習課，上完課又接著報名委員慈誠培訓。

二〇一五年十一月證嚴上人為他們三人授證，而在這一年的培訓過程中，蔡永松發勇猛心，同時戒掉所有壞習慣。四十年的枷鎖終於卸下了，這對於蔡家來說真是天大的喜事。

現在的蔡永松不再煙霧繚

繞，身體也無酒精流竄，整個人神清氣爽，身體漸漸趨於健康；每天含飴弄孫之餘，還炒一桌好菜，和家人共享天倫之樂；和太太美貌開著兒子送給他的小牛搬運機，馳騁在青山綠水間，運載回收物資做環保，他說：「活到快七十歲了，我到現在才知道什麼是真正的快樂。」

如今的他不但自己行善，認真做環保，到醫院當志工，還擔當「大船師」[1]，開著他的七人座休旅車，接送山區志工一起作慈濟事。

坐公車說環保故事

二〇〇四年鄭秋華先生因病驟逝，頓失依靠，她從臺南市楠西區搬回嘉義縣竹崎鄉文峰村的老家。看到大嫂在做資源回收，她開始跟著學習，

1 《無量義經》有云：「船師、大船師，運載群生，度生死河，至涅槃岸。」大船師在暗夜迷茫的人海中、在重重煩惱的生死苦駭中，讓我們生出信心、看清楚人生的方向，度脫苦海。」資料來源：《慈濟月刊》四六二期—導師大船師。

投入環保志業，另方面學習佛經。識字不多的她，字典是她最得力的工具，為了了解經典的字義，翻到字典的書皮都破了。

二〇一一年上人給所有弟子大禮《法譬如水》經藏演繹[2]，她把握因緣，克服萬難參與。由於脊椎受傷，使她經常腰痠背痛，退化的腿關節無法屈膝盤坐，即使歪斜著身軀，還須不停變換姿勢；她使盡力氣把手語做到最到位，當時已六十四歲的她，背起經文更是行、住、坐、臥不離心，深怕因自己的小小疏忽而影響了大場面。

當日，一踏入彰化體育場，她已熱淚盈眶，因為她終於辦到了！她覺得今生有此因緣，任何的苦與波折都值得。

如今，鄭秋華每週二到竹崎環保教育站做回收分類。從溪心寮坐公車到竹崎環保教育站，車程大約四十五分鐘，她記取上人說的「分秒不空過」，在公車上開始與乘客分享環保的理念，並廣邀乘客加入環保護地球。

到目前為止，她光是在公車上順利邀約的環保志工就有十多位，不但在家裡做環保，更固定時間到環保站付出。

環保不僅在嘴上，更在日常生活中分分秒秒，心之所繫、身體力行；竹崎環保教育站的志工們，正是其中典範。

2 二〇一一年慈濟在全臺辦理二十四場「法譬如水」經藏演繹，如同佛陀時代靈山法會再現。資料來源：《慈濟月刊》五三七期—法船續開 法緣不散。

鄰風景區　大宗寶特瓶集散地

中埔和美環保教育站

嘉義縣中埔鄉和美環保教育站的前身，設在嘉義聯絡處（嘉義市彌陀路）內，原是利用聯絡處大門入口右側腹地做分類。二〇〇八年嘉義聯絡處改建後，環保站也終止使用，資源回收從此回歸各社區，志工開始分頭尋找適合的場所。

病苦示現種福田

中埔和美環保教育站這塊地歸王嘉祥所有，原本出租作中古車買賣用，

用啤酒瓶排成的慈濟LOGO圖騰，熠熠發光，讓前來參觀的會眾不禁豎起大姆指，點頭笑稱：「有智慧！」（圖片提供／程信雄）

後因故閒置。王嘉祥幼時罹患先天性水腦症，腦部積水，不時會發生癲癇。和林珈卉結婚後，家中大小事由妻子一肩挑起。

二〇〇八年他因罹患肝病末期在大林慈濟醫院住院治療，期間嘉義區醫療幹事吳秀蜜、及環保幹事萬菊紅等人經常前往探視。在這些關懷慰問中，王嘉祥逐漸了解到佛家講的因緣果報，心想要多行善事累積福德。

當吳秀蜜跟王嘉祥提到：「現在大家都在找地要做環保共行善事，你那塊閒置的土地，可以用來

林珈卉抄寫佛經，法華經已抄寫多遍。她相信若種下修習佛法的種子，下輩子會比今生過得更好。（攝影／郭富美）

做環保站喔！」王嘉祥欣然同意，遂由當時的互愛隊長郭瑞端於二○○九年三月和林珈卉簽約，約定使用年限為十年，志工開始募心募款作為建設經費。

王嘉祥二○○八年末肝癌往生，時年五十歲的林珈卉，為了五名子女，堅強地撐住家庭重任；未料隔了八年，二○一六年她唯一的兒子也因肝癌往生。已學佛的林珈卉，對於今生此般遭遇選擇認命。

回想她的一生，幼時未滿週歲，母親因生活壓力大而尋短；父親身兼母職無法妥善照顧她，從小讀書學習成績欠佳，口才也不好，無法與人分享佛法。「欲知前世因，今生受者是」，她體會到今生所受的苦難、知識障礙，皆是過去生寫下了不好的劇本，才會有此果報。

林珈卉在家有空就念佛、抄寫佛經，法華經已抄寫多遍。雖然抄寫也無法全然記住經文，她相信八識田中會種下修習佛法的種子，下輩子會比今生過得更好。

見苦知福身輕安

白天，她幫忙女兒帶孫子；一有空閒就會到環保站做回收，當作精神寄託。年輕時做粗重農事，導致左手臂拉傷，她無法搬運重物，當志工出去載回收物時，她把握因緣跟著環保車出去，最遠曾到大埔鄉曾文水庫協助運載。

曾文水庫是觀光勝地，遊客多、寶特瓶多，但距離嘉義市區太遙遠，一趟車程往返都要用上四個小時；車子沿著山路蜿蜒而上，有時需忍受暈車的不適；隆冬時傍晚下山、碰到濃霧瀰漫，還真看不清楚前路，車速只能放緩。但林珈卉從不感害怕，相較於純樸山城的生活，她覺得分外幸福。

「能付出的人生是有價值的」，她在家也設立一回收點，讓鄰居拿回收過來放；她分類好一車的量時，就請志工來載。

這樣的日常生活，林珈卉過得輕安自在。中埔和美環保教育站簽約至今已超過十年，但她說：「環保站的土地權狀雖然是登記在四個女兒的名下，但她們不過問；只要我有一口氣在，環保站會一直存在、一直走下去！」林珈卉在心中發願。

創意打造環保站

二〇一〇年第一任環保站長由陳根生承擔，他對於中埔和美環保教育站心中自有藍圖，建設期間親力親為拚到沒日沒夜，做到血壓飆高、昏倒送醫急救，凌晨四點打完點滴，又趕回環保站開門！他笑著說：「我是跟佛祖打契約的，我太太失智整夜話不停，祈求佛祖讓她早日康復，一起做環保！」

體恤老菩薩搬報紙類、舊衣服耗費體力，陳根生苦思如何讓搬運更輕鬆。於是他在回收隔間上方設計了可前後移動的活動屋頂，讓車輛機械夾子把報紙搬到車上，不費人力。

他在站上長期從事敲打、拆解等粗重工作，導致雙手雙臂貼滿藥布。他人看著不捨，他卻兩手一攤開心地說道：「若要在醫院做復健，不如來環保站做復健；我們來這裡付出，比在醫院做復健好。」這份用心，無怪乎志工稱陳根生為「守護環保站的土地公」。

在中埔和美環保站，處處可見創意巧思。慈濟LOGO在陽光的照耀下熠熠發光，這個用啤酒瓶排列的慈濟圖騰，是張兵郎獨一無二的傑作，令人驚歎連連。二〇一〇年十月十八日上人來參訪，也站在LOGO前面看了好久，不禁豎起大姆指稱讚：「有智慧！很有智慧。」

另外還有一具充滿古早味的唧筒壓水機，是由郭瑞端設計，從地下埋設自來水管線，花草樹木可就近澆水，也提供志工洗濯。常見大夥圍在一起洗菜、洗手套……，邊洗邊聊天，感情更融洽，更吸引參訪者一探究竟，紛紛搶著操作呢！

黑人伯遺愛捐贈環保車

二〇一〇年七月中埔和美環保教育站正式啟用，因臨近阿里山公路旁，是前往曾文水庫、阿里山及奮起湖必經路段。竹崎鄉奮起湖是阿里山鐵路的中繼點，當地居民願意在地回收，守護山林大地的清淨；這條路線是由林啟文、黃春雄、陳勇成三人去運載，市區到山上需開車一個多小時，蜿蜒山路，要精神集中才能勝任。

李喜煌發現，載大型回收物如冰箱、鋼琴、電視等，往往讓年長的志工因使力不當而閃到腰或受傷，就是因為貨車沒有可以讓車斗升降的裝置。為了解決此問題，他將家中可升降的貨車捐出來，希望減少人家的體力負擔。

二手車大小狀況不斷，比如後座底部破損，志工常一不小心就會腳踝深陷坑洞；且車不時會在深山裡故障，有一次到奮起湖，早上七點上山，結果因半路拋錨，志工困在山上，直至下午四點才下山。

第四任環保站長蔡維譯認為，志工開車到山區安全堪憂，因此在雲嘉環保會議上提出，二〇一六年獲得臺南市鑄鐵業界人稱「黑人伯」的李重雄遺愛捐贈一臺環保車。此舉圓滿了李爸爸生前心心念念將愛續留人間的夙願，也讓志工握著方向盤的手，承載更堅定不移的環保使命。

可掀式捲簾活動屋頂，讓沉甸甸的紙類書報區，既可遮風避雨，還便利廠商車輛機械夾子直接夾上車。（圖片提供／葉素滿）

地獄或天堂　轉念即重生

二〇〇七年中華電信改制民營，蔡維譯勞保加年資領了五百萬元。親戚跑來找他投資：「學校都在辦學生營養午餐，投資利潤非常好。」又來報好康，縣市政府的教科書、還有電腦周邊設備採購云云。為了投資，蔡維譯拿房屋向銀行貸款，不到八個月，收回兩千萬元的支票；他樂不可支地到銀行兌換現金，才驚覺那是無法兌現的支票。

他吃不下、睡不著，一個月暴瘦十公斤，走在嘉義市行嘉吊橋上仰天長嘆，投資不成竟換來一身債務，怎麼還？登時所有負面想法衝上腦際，甚至萌起一絲要殺對方的衝動。

他心想：「郭瑞端不就住在附近？去找他吧！」聽他哽咽訴說著際遇，慈濟志工郭瑞端遞上手巾，靜靜地傾聽，不停地點著頭，他說：「我父親被人倒了幾千萬元，數目比你多呢！沒關係，天無絕人之路……」還拍拍他的肩膀，讓他的心平靜不少。

林啟文（穿藍衣者）遠至竹崎鄉奮起湖載運回收物，來回需花費四個小時的車程，他不覺辛苦。（攝影／黃文徵）

二〇一一年，他鼓起勇氣陪志工回花蓮尋根，但心事重重的他總是鬱鬱寡歡；火車上有一位師姊分享，自己一大筆錢被人騙光了。她向證嚴上人談及此事，上人慈示：「恭喜妳有這麼多錢，被騙有可能是前世因果；如果前世沒有欠對方，那要恭喜來世就有這麼一大筆錢。」聽完這故事，蔡維譯想想別人再看看自己，一趟花蓮之行讓他的心從此釋懷，也能面對自己因貪念才有此下場。

二〇一六年蔡維譯承擔環保站長站長，越做越歡喜。一路走來，蔡維譯自認，當年若無法親的陪伴，至今恐怕仍難走出人生陰影，也是上人的法讓他逐漸了解因果而釋懷。回首前塵，心中早已無怨，只有更多的感恩。

顧佛祖顧肚子　食輪轉法輪

自認是好命女的陳秀子，婚前就被大嫂形容：「好命到在家不曾拿掃帚，所以是腳尖手幼喔！」踏入慈濟，這位好命女先到環保站做資源分類，彎得下腰，做得歡喜；和美環保站開始整地，她就過來承擔香積。

她詳細記著環保菩薩喜歡吃哪些菜，早已在心裡擬定濃淡適宜的餐肴：「老菩薩喜歡吃軟一點、嫩一點的，不要太油膩有礙健康，也不能強調清脆可口，必須顧及他們的牙齒可否咀嚼。」這一份用心，以食輪轉法輪，讓環保志工各個翹首期盼她的貼心午餐！

孝女的願望

環保志工曾素麗的工作是幫人清掃房子，一次工作中剛巧看到大愛電視臺報導資源回收，覺得很有意義，打聽後獲悉嘉義也有環保站，就利用下午時間來幫忙，還拉老母親來，母女倆有說有笑地一起做環保。

母親年歲漸高，無法再做環保，曾素麗發下善願：「讓媽媽來生來世接觸慈濟、做慈濟」，她把當清潔工一分一毫攢下來的積蓄，以媽媽的名義捐「榮董」[1]。

二〇一〇年十月十八日上人來到中埔和美環保教育站參訪，曾素麗帶著媽媽一起來見證這感人的一刻，讓媽媽親手將一百萬元的支票呈給上人。上人輕聲問道：「這是妳磨出手底皮的錢，怎麼捨得？」她報告上人：「要給

1　榮董：慈濟榮譽董事簡稱「榮董」，緣起於一九八六年慈濟醫院開幕前一天，上人為感恩捐款滿一百萬元臺幣贊助建院的大德們出錢成就慈濟志業，特地頒發慈濟榮譽董事聘書。目前擔任榮董的條件，是凡一年內捐款滿臺幣一百萬元者，由佛教慈濟基金會聘任為永久榮譽董事。榮董，只關懷慈濟的發展，但不參與行政事務。資料來源：《拾福》（環保三十周年：中區慈濟志工口述歷史），林秀鳳等口述，魏玉縣等整理。

上人做好事啦，總統管一國，上人帶全球！」

曾素麗原本想以一生所得買一間靠近大馬路的房子，但眼見母親已經九十二歲了，應該為她植福才對。或許是孝感動天，曾素麗的媽媽今年已高壽一百零三歲，子孫綿延！

兒女成群多歡笑

住在環保教育站附近的田五妹，每天七點就到站裡報到。一走進大門，就聽到大家都親切地叫喚著「五妹媽媽」，她心想，「是啊，來這裡有成群的兒女，怎不

蔡維譯向參訪的小朋友說明，回收的寶特瓶可製造成毛毯及衣服，資源再利用。（攝影／黃文徵）

教人開心呢！」應了這群兒女每天能見到「媽媽」，她也把環保教育站當成自己第二個家了。

做慈濟十多年的她，隨著歲月增長，身體難免這裡酸、那裡痛。問她何以這麼辛苦還愛做慈濟，她又爽朗回應：「嘸知啦，就是足歡喜啦！年紀大難免身體出問題，但是修理修理繼續做，還是耐操耐用啦！」天性樂觀的五妹，難怪走到哪就帶來無限歡樂。

敬天愛地聚福緣，中埔和美環保教育站每天上演著環保志工守護大地的溫馨故事。

守護曾文水庫的美麗

大埔環保教育站

大埔鄉是嘉義縣的後山，有「後大埔」的舊稱，東南亞最大的水庫──「曾文水庫」即位在此處。一九七三年，曾文水庫蓄水完成；同年，臺三線公路通車，因此大埔鄉便以發展觀光為當地的主力產業。

曾文水庫遊客多　寶特瓶也多

江文義家住臺南市楠西區，一九八四年起，他每日到大埔鄉大埔街大廟前賣鹽酥雞。江文義每天下午二點三十分出門，從楠西到大埔要四十五分鐘，晚上九點收攤，回到家已是十點十分。這生意，他每日來回走了二十八年的歲月。

一九九四年，江文義的媽媽車禍住院。他妹妹拿「渡」錄音帶（志工做慈濟的心得分享）到醫院，放給爸爸聽；江文義也聽了，一聽到五毛錢[1]可以做慈濟、行善救人，當下受到很大的激勵。

因此當妹妹問他：「你要不要捐錢？」他馬上拿出一年份三千元給妹妹，加入慈濟會員；同時，他一邊作生意賣鹽酥雞，一邊就播放「渡」錄音帶給來買鹽酥雞的客人聽。

滿頭華髮的林余淑卿，二女兒林麗喬在大埔鄉農會上班；林麗喬買鹽酥雞時聽到「渡」的錄音帶，心生歡喜，決定為母親植福，每月捐一百元功德款。

1　三十年前，三十個家庭主婦相約每天出門買菜前，投下五毛錢到竹筒裡，做為慈濟基金，推展慈濟；三十年後的今天，花蓮委員發起效法當年的「竹筒歲月」，除了緬懷，也提醒每個人時時起善念、行善行。資料來源：《慈濟月刊》三四四期（竹筒歲月），慈承撰文。

一九九九年江文義邀約林麗喬、林余淑卿和她的媽媽、婆婆、四嬸婆與八嬸婆等六人，一起到臺南火車站搭乘慈濟列車[2]去花蓮靜思精舍參觀。途中，林余淑卿聽到德慈師父講述載蕃薯的故事，她覺得十分有趣，感覺出家師父有擔當。

德慈師父並且分享，早年跟隨證嚴上人，日子過得很清苦，沒有東西可吃；只要豆腐醃得鹹鹹的，就是最好的配菜。她亦聽到醫療志工蘇足分享她真人真事的故事，因為先生數度外遇，讓蘇足想不開，痛苦到曾嘗試自殺好幾次。林余淑卿聽完，感動莫名。

1999年江文義（右一）邀約林麗喬（穿白外套者）、林余淑卿的婆婆（左前白髮者）等人，搭慈濟列車到花蓮靜思精舍參觀。（圖片提供／江文義）

林余淑卿回想，自己的父親喜愛喝酒、較無責任感，小時候的生活是有些辛苦；但她結婚以後，先生勤奮地認真工作，生活上的需求不曾匱乏過，林余淑卿自認是相當幸福的人，對人生應心懷感恩。

曾文水庫是觀光勝地，觀光客多，外人遺留下來的寶特瓶亦多。林余淑卿家斜對面就是歐都納山野渡假村，她的婆婆來住她家時，一大早起來，就會走到對面渡假村的垃圾桶去找尋寶特瓶。

林余淑卿心想，撿拾寶特瓶捐給慈濟，也是善事，就很有智慧地對婆婆說：「媽，現在慈濟有在收寶特瓶，我們把收來的寶特瓶捐給慈濟，讓上人去幫助艱困的人，好嗎？」婆婆從花蓮參觀回來後，也認同慈濟，就欣然同意。

2 慈濟列車：一九八九年慈濟護專創校開學典禮暨花蓮慈濟醫院三周年慶，為紓解超過兩萬的觀禮人潮，負責的委員向鐵路局提出專案申請，在鐵路局正常的發車時刻外，額外加開列車載送慈濟人前往觀禮。當時因車上所搭載的全是慈濟人，因此稱為「慈濟列車」。在該次慶典結束後，為了讓更多會員能有機會且順利地去花蓮參訪精舍及慈濟醫院、靜思堂、醫學院、護專，便陸續依規定向鐵路局申請。資料來源：《拾福（環保三十周年：中區慈濟志工口述歷史）》，林秀鳳等口述，魏玉縣等整理。

助人的人　是有福之人

大埔到嘉義這條臺三線，是一九七三年初才通車的。前大埔鄉長許俊昇回憶：「以前我讀初中跟高中時，都要從大埔走七個小時的山路，到中埔鄉的沄水才有公車可搭。」

大埔到嘉義要二個小時的車程，因此林余淑卿徵得先生林廣進的同意後，就把住家旁邊的一塊空地搭建鐵皮屋，讓大埔的寶特瓶回收物有置放的空間；等到有足夠的量時，嘉義志工就會開二臺小貨車來載運回去。

林余淑卿提供的環保點，大約有七坪大，但鐵皮屋外面是一大片的水泥地，對於大埔冬天以曬筍乾為業的筍農來說，不啻是一塊生利

林廣進提供的環保點，鐵皮屋外是一大片水泥地，對大埔冬天以曬筍乾為業的筍農來說，大可出租生利。但他不這麼想，寧願用來做更有意義的事。（攝影／張菊芬）

的好土地。於是有人紛紛來跟林廣進遊說，要租用鐵皮屋當倉庫：「你把租屋的租金直接捐給慈濟，都比你做回收得來的錢更多。」

林廣進絲毫不為所動，他認為：「上人鼓勵做回收，不是為了錢，而是要讓弟子有植福的機會，有因緣付出幫助人，是造福的人。」

志工們不禁讚賞林廣進，心胸寬大，眼光長遠，將一塊地保留給慈濟，做更有意義的環保回收。

走入慈濟　找到自信

侯淑芬二歲時，母親離家出走，她是隔壁阿姆帶大的；六歲時，發燒十多天導致身體萎縮，醫師連針都打不進去，就說：「回去等死。」爸爸一急胡亂投醫，只要可以退燒的偏方、草藥都用上了，終於退燒；再經過十多天，身體張開，針打得進去了，醫生說一條命算是撿回來了。

但這場病造成的後遺症就是，她走路有時會撞上電線桿，或是走著走著人就昏倒了。

曾文水庫有放魚苗，他父親平時以抓魚為業；侯淑芬小學四五年級時，早上爸爸抓了魚回來，她就要幫忙殺魚賣魚後，才能去學校。因為身上總是帶著魚腥味，同學都不肯靠近她，沒有人要跟她做朋友；她以為同學嫌棄她，從小就很自卑。

一九九五年，侯淑芬開始繳功德款給江文義。一九九九年九二一大地震時，她幫忙募款；同年，楠西志工陳滿妹來送靜思語，她幫忙帶路，陳滿妹見她這麼熱心，鼓勵她做慈濟。

歲末時，侯淑芬帶著萬菊紅去發送物資，將衣服、棉被、麵條餅乾等物資送給感恩戶[3]。她也不禁回想起自己的小時候，白天爸爸不在家、肚子餓，也都是鄰居阿姆可憐她，會拿粿拿飯拿麵給她吃。

看見慈濟人費心準備這麼多的物資，又感覺萬菊紅像母親一樣，讓她感受到家人般的溫暖，她決定接受培訓當志工。接受培訓的志工，要到臺南靜思堂上靜態課程，車程要二個小時，於是她早上五點就得出門。

林余淑卿為了婆婆健康，運用智慧，勸婆婆撿拾寶特瓶捐給慈濟，也開啟了自己的慈濟緣。（攝影／張菊芬）

路途遙遠，為了符合經濟效益，一直到二〇〇三年，林余淑卿、王莠婷、陳勵譁、侯淑芬等四人，決定結伴去參加培訓。冬天天氣很冷，但「輸人不輸陣」，四人互相打氣、克服寒冷，堅持全程上完靜態課程；終於在二〇〇五年初，親自接受上人的授證與祝福。

3 感恩戶：指在生活中突遭變故、而需暫時接受慈濟濟助的人。上人說：「要感恩接受我們濟助的人，給我們機會行善。為什麼呢？我們常說：『好人做好事，好事好人做』，就是因為有人遭遇困難，我們才能有機會去幫助他們，才有辦法把握機會付出愛心，才能發揮救人、做好事的功能。所以，我們稱他們為『感恩戶』。」資料來源：《慈濟語彙》，二〇〇四年，台北：慈濟文化志業中心出版。

侯淑芬經營小吃店，她總是把寶特瓶、回收物放在店的一旁，等累積到一定量時，再送到林廣進提供的環保站堆放。大埔鄉位居山谷，偏遠山區人家相隔遙遠，每當訪視個案或發生災難時，嘉義與臺南的志工都會來找她們帶路，或是以侯淑芬的店面當聯絡點，發揮重要的功能。

二〇〇九年發生莫拉克風災，往嘉義的對外交通斷裂，僅靠臺南玉井的簡易便道通行。救災啟動後，慈濟嘉義聯絡處通知臺南分會，那時與大潤發合作，臺南志工說：「你需要什麼物資，我們都可以協助提供。」連江文義也專程從楠西帶領物資車上來。

當時大埔往茶山的道路斷了，往茶山路途

大埔有東南亞最大的曾文水庫，遊客多，寶特瓶也多；嘉義志工不惜路途遙遠，總會安排行程前來載運，滿載而歸。（攝影／張澍云）

中有個坑叫黃溝坑，侯淑芬的先生有三個親戚住在那裡。有位親戚苦笑說，要上去茶山部落的道路又斷了一截，就算直昇機載來物資，還要攀爬繩索才能上去拿；時間花費一個多小時，到了發送處，又說物資都發完了……

比較起來，還是慈濟的救濟模式最直接。侯淑芬馬上跟村長聯絡：「用接力的方式，你們有車就出車，我們把物資送到某個定點，村長們去接。」再轉送災民手中。後來食物不夠分配時，大家就找一個地方共同烹煮，一起共食；這作法維持到道路修護，之後回復正常。

做慈濟，讓侯淑芬發揮智慧及能力去造福他人，也找到生命的價值，找到自信。

吃苦了苦　苦盡福來

江秀七歲時，父親往生；媽媽被叔叔們強迫改嫁。五叔收養她後，要她照顧自己的孩子；後來五嬸自殺，五叔再娶，又帶過來一個小孩。江秀同時要照顧二個小孩，又要割草餵羊群。十八歲時認識了先生，江秀以為可以過上幸福的日子，沒想到她接連生了五個女兒，被先生看輕，從此夫妻爭吵不斷。

一九四三年出生的江秀，對婆婆極為孝順，常常陪伴婆婆去寺廟拜拜，於是有人介紹她去佛光山念佛。江秀學佛後，認為是自己過去生沒有做好，這輩子的命運才會這麼坎坷；凡遇到寺廟辦法會，她都會參加念佛消業障。

江秀大女兒王貞云嫁到高雄受證志工，就鼓勵媽媽做環保造福。江秀認為念佛是信念，做環保則是身體力行，就開始撿拾寶特瓶、紙箱紙類；把撿拾來的回收物都堆放在車寮，等量大了，再請志工載運到大埔環保站去。

談到母親，王貞云言語中充滿感佩與不捨。她說，媽媽沒有生男孩，被爸爸看輕，家中五個女兒，都是靠媽媽辛苦耕種、一手栽培長大的。媽媽對爺爺、奶奶也很孝順，記憶中只要家裡拜拜有殺雞，媽媽都會把雞肉送給爺爺、奶奶吃；還告誡她們，如果爺爺、奶奶要拿給她們吃，她們要說以後吃的機會很多，請長輩先吃。就是母親這樣的身教、言教，讓他們現在經濟好轉，美食也享用不盡。

2021年1月19日，林廣進（左二）完成榮董受證，也圓滿了余淑卿（右二）為他植福的心願，大兒子全家陪伴爸爸一起領受祝福。（攝影／王翠雲）

江秀並鼓勵女兒王莠婷參加培訓，她跟王莠婷說，慈濟是助人的團體，要王莠婷即使請假、也要參加志工培訓。

五十年前的大埔鄉，民風保守，曾上演許多可憐、可悲的人生故事；然而隨著臺三線的通車、曾文水庫開發，觀光發展帶動地方的發展、帶來人潮，卻也帶來大量的垃圾，破壞了大自然的景觀。

幸而有這樣一群善良的人們，聽從上人的教誨，知福惜福，樂於付出，從回收寶特瓶開始，一心守護著曾文水庫的美麗。

這是嘉義第一輛環保車，1996年由嘉義區志工集資購買。圖中的三位環保志工為：林俊吉、蕭志誠、陳文章（由左至右），不僅熱忱投入環保，更帶動鄰里，一同承擔起守護大地的使命。（圖片提供／蕭志誠、翻拍／張小娟）

年代	慈濟環保（綠色字為嘉義環保足跡）
一九九〇	● 八月二十三日，證嚴上人應吳尊賢文教公益基金會之邀，在臺中市新民商工演講；上人呼籲「用鼓掌的雙手做環保」，慈濟志工起而行動，自宅變資源回收站，進而影響社區。 ※ 十二月太保市水牛厝歡喜環保站成立。
一九九一	● 三月與金車教育基金會合作舉辦「預約人間淨土」活動，帶動淨化人心、家庭、社會省思風潮。 ● 慈濟護專展開各項環保工作，推行校內垃圾分類。 ● 花蓮慈濟醫院環保社成立，推行環保活動。
一九九二	● 三月第二波「預約人間淨土」宗旨在落實全民綠化工作，永留子孫自然空間；推廣環保護生觀念，珍惜地球萬物資源，實踐「生活的淨土」。 ● 花蓮慈濟醫院員工餐廳響應環保，全面停用紙製餐具，推行自備餐具運動。 ※ 嘉義縣慈濟志工集資購買一輛只開了一年的三．五噸二手貨車，此為「嘉義第一臺慈濟環保回收車」。
一九九四	● 全面推動環保餐具的使用，呼籲自備環保碗、筷、杯。

一九九六
● 七八月之交的賀伯風災重襲臺灣，賀伯颱風凸顯土地濫墾危機、證嚴上人呼籲志工落實「社區志工」、推動社區關懷。

一九九七
● 首次全臺環保志工前往花蓮靜思精舍展開「尋根之旅」。

一九九八
● 「大愛電視」成立，倡導美善人生、環保理念。

一九九九
● 九二一地震希望工程鋪設能透水、透氣的連鎖磚，讓大地呼吸。

二〇〇一
● 賑災兼顧環保，慈濟急難救助全面採用環保餐盒。
※ 五月溪口鄉環保教育站成立。
※ 五月嘉義縣大吉國中「希望工程」竣工，拆卸下來的建材轉至溪口環保教育站組建為多功能教室。
※ 九月梅山鄉環保教育站成立。

二〇〇三
● 慈濟人道援助會成立，著力賑災與環保再生理念的物資研發。
● SARS傳染病流行，慈濟基金會推動齋戒、茹素護生。
※ 嘉義市湖邊里博愛環保站成立，直至二〇〇八年，環保站遷往嘉義志業園區環保站。

二〇〇四
※ 大林鎮環保教育站成立。
※ 大埔鄉環保教育站成立。

二〇〇五

● 美國慈濟總會應邀參與聯合國世界環保日活動，於開幕典禮中致詞，分享慈濟環保理念。

● 慈濟基金會推廣「環保五化」：年輕化、生活化、知識化、家庭化、心靈化。

二〇〇六

● 慈濟國際人道援助會研發環保毛毯，以回收寶特瓶塑膠熱熔紡絲製作毛毯，實現物資再利用，有效支援人道援助。

※ 四月從南投縣載運九二一大地震拆卸的組合屋資材，搭建於水上鄉外溪洲環保教育站。

※ 七月二十一日水上鄉外溪洲環保教育站成立。

二〇〇七

● 慈濟基金會推動「克己復禮、全民減碳」，呼籲以克己私欲節制資源浪費，減少污染。

※ 一月十四日太保鄉環保教育站分類區先行啟用。

※ 嘉義市頭港里玉山環保站，在游素蓮家成立，為福德環保站的前身。

二〇〇八

● 大愛感恩科技公司成立，以回收寶特瓶紡紗製造成衣，實踐環保零廢、循環經濟。

● 莫拉克風災，呼籲讓山林安養生息。

● 全球糧荒、金融危機，籲眾惜糧，回歸清平生活（克勤克儉、節能減碳）。

※ 五月二十五日竹崎鄉環保教育站成立。

※ 七月十九日朴子鎮環保教育站成立。

二〇〇九

※梅山鄉公所清潔隊配合嘉義縣政府「形象改造計畫」，會同嘉義縣環保局，訂定將梅山環保站改造成環保模範社區，以南方松木為材，並加裝排水溝護欄，進行安全以及美化工程。

※三月嘉義志業園區環保教育站成立。

二〇一〇

●慈濟推動環保二十年，提倡民眾一同「清淨在源頭、環保精質化」。

※四月二十四日嘉義市國華環保教育站成立，前身為博愛環保站。

※六月新港鄉環保教育站成立。

※大林慈濟醫院醫護團隊每隔三個月，至水牛厝歡喜環保站為志工量身高、體重、血壓、針灸、心理諮詢與衛教指導等等。

※七月大林慈濟醫院社區醫療團隊首次到竹崎環保教育站，為環保志工進行健康問診及關懷，包括早期失智篩檢問卷。

※七月十七日中埔鄉和美環保教育站成立。

二〇一一

●「慈濟環境教育師資培育計畫」啟動，培育環保教育種子講師，落實社區環境教育的推廣。

二〇一二

●大愛感恩科技取得「搖籃到搖籃」銀級認證。

●證嚴上人提倡「八分飽兩分助人好」理念，慈濟推零廚餘運動。

二〇一三

●慈濟基金會首次參加聯合國氣候變遷會議。

※三月嘉義市大信街玉山環保站成立，前身是頭港里玉山環保站。

二〇一四

※大林慈濟醫院曹汶龍醫師，開始進入社區做失智症篩檢。

※成立嘉義市福德環保站，前身為頭港里及大信街玉山環保站。

※三月義竹鄉志工到路程約二小時的嘉義縣阿里山鄉樂野村，拆九二一大地震援建組合屋，可用資材重新再利用於環保站。

※十二月二十日義竹鄉環保教育站成立。

二〇一五

●巴黎聯合國氣候峰會辦記者會，推廣慈濟環保理念，峰會見聞，讓上人慨嘆面對全球暖化危機，大家僅有「共知、共識」，仍無法做到「共行」。

※新港環保教育站辦理讀書會，透過「晨鐘起．薰法香」，期待志工端正行為、修身養性。

※三月義竹環保教育站與花蓮靜思精舍連線薰法香，法入心法入行。

二〇一七

●十一月大愛環保科技館在高雄岡山園區成立，是慈濟第一個環保回收科技展示區，館內的小型機具，能把寶特瓶回收後打成瓶片、做成酯粒、抽成絲紡成紗的過程，具體而微地展現出來。

※嘉義市大信街玉山環保站結束，志工遷移至福德環保站。

※大林慈濟醫院失智症中心在嘉義志業園區環保教育站開辦「記憶保養班」，提供全方位的醫療社區服務，有效延緩失智或提早接受治療。

二〇一八

※一月六日布袋鎮環保教育站成立。

●慈濟基金會在八月成立「慈濟長照推展中心」，民眾只要透過慈濟基金會的長照專線、或政府長照中心轉介，就能接受完整的長照服務。

※七月竹崎、梅山環保教育站長照C據點成立，響應政府推動長照計畫，落實在地老化與安養。

※八月二十三日的熱帶氣旋豪雨，造成布袋鎮嚴重淹水，地勢高的布袋環保教育站成為國軍救災官兵休息整補的據點。

二〇一九

●取得聯合國環境署非政府組織觀察員身份。

●首次出席聯合國環境大會。

●與「國家災害防救科技中心」簽訂「災防科技合作協議」。

●與中央氣象局簽署「防賑災氣象運用及教育推廣合作」備忘錄。

●苗栗慈濟園區啟用全臺第一個「慈濟防備災教育中心」。

●三月東非三國遭伊代氣旋重創，高雄志工三天內趕製了兩千條環保毛毯，加上原先庫存，共計一萬兩千六百條，以資源再生支援人道救助，送赴非洲賑災。

●三月慈濟基金會宗教處精實企劃室環保推展組，著手將原本環保站內紙本的血壓量測資料數位化。

※嘉義志業園區環保教育站「記憶保養班」，改制為「醫事C級巷弄長照站」，推動失智共同照護及社區照顧關懷據點的經營，成為提供更多長者、家屬身心安頓的所在。

二〇二〇

● 高雄慈濟靜思堂獲得行政院環保署「環境教育設施場所」認證的慈濟志業場域，一月三日揭牌。
● 與水利署簽署「災害防救研發應用」合作備忘錄。
● 慈濟基金會環保三十週年系列活動，特與大愛感恩科技公司合作打造「行動環保教育車」，首站前往嘉義市，並展開全臺巡迴教育展覽活動。
● 與行政院環保署簽署合作備忘錄，共同向社會大眾推廣「清淨在源頭簡約好生活」的環保理念。
● 新冠病毒全球擴散，證嚴上人呼籲以虔誠茹素，遠離災疫。
● 慈濟人醫會與各縣市衛生局社區營養推廣中心營養師，從疾病管理出發，透過推廣均衡飲食及規律運動，讓慈濟環保教育站除了愛護地球，更兼具照顧志工的功能。
※ 福德環保站自三月參與嘉義市政府「資源回收關懷計畫」，市政府列冊較弱勢資源回收個體業者，將其資源回收物送至合作所在地與慈濟四處回收站（嘉義志業園區環保站、中正淑貞站、國華環保站、福德環保站）過磅及開立憑證，市政府再以較高金額收購。
※ 六月國華環保教育站成立「廚藝教室」健康蔬食教學區，帶動茹素護生。
※ 水上鄉外溪洲環保教育站，帶動環保志工讀書會，從佛法中體悟日常生活的「三好」。

嘉家有本環保經 嘉義慈濟環保教育站的故事

作　　者　嘉義人文真善美志工
作者名錄　（依姓氏排列）文翊樺、王翠雲、李淑貞、何淑麗、汪秋戀、吳淑麗、邱秀蓮、張小娟、張瑛芬、陳妙美、陳林蓉美、陳黎真、陳春李、陳麗君、許鳳娟、黃怡慈、黃湘卉、葉惠蓮、葉素滿、劉麗美、劉淑貞、蕭智嘉、蘇美玲
策畫指導　顏博文（慈濟基金會執行長）
總 策 畫　何日生（慈濟基金會副執行長）
企　　畫　賴睿伶（慈濟基金會文史處）
協力作者　黃湘卉、吳永佳
美術編輯　申朗創意
責任編輯　吳永佳
企畫選書人　賈俊國

總 編 輯　賈俊國
副總編輯　蘇士尹
編　　輯　高懿萩
行銷企畫　張莉滎・蕭羽猜・黃欣

發 行 人　何飛鵬
法律顧問　元禾法律事務所王子文律師
出　　版　布克文化出版事業部
台北市中山區民生東路二段141號8樓
電話：(02)2500-7008　傳真：(02)2502-7676
Email：sbooker.service@cite.com.tw
發　　行　英屬蓋曼群島商家庭傳媒股份有限公司城邦分公司
台北市中山區民生東路二段141號2樓
書虫客服服務專線：(02)2500-7718；2500-7719
24小時傳真專線：(02)2500-1990；2500-1991
劃撥帳號：19863813；戶名：書虫股份有限公司
讀者服務信箱：service@readingclub.com.tw

香港發行所　城邦（香港）出版集團有限公司
香港灣仔駱克道193號東超商業中心1樓
電話：+852-2508-6231　傳真：+852-2578-9337
Email：hkcite@biznetvigator.com
馬新發行所　城邦（馬新）出版集團 Cité (M) Sdn. Bhd.
41, Jalan Radin Anum, Bandar Baru Sri Petaling,
57000 Kuala Lumpur, Malaysia
電話：+603- 9057-8822　傳真：+603- 9057-6622
Email：cite@cite.com.my
印　　刷　卡樂彩色製版印刷有限公司
初　　版　二〇二一年八月
定　　價　三八〇元
ＩＳＢＮ　978-986-0796-15-5
ＥＩＳＢＮ　978-986-0796-14-8 (EPUB)